Berliner BDA Architekten Band II

jovis

Für die großzügige Unterstützung danken wir:

Albrecht Jung GmbH & Co. KG, Schalksmühle, www.jung.de
DORMA Holding GmbH + Co. KGaA, Ennepetal, www.dorma.com
GROHE Deutschland Vertriebs GmbH, Porta Westfalica, www.grohe.de
WILDE + SPIETH Designmöbel GmbH, Esslingen, www.wilde-spieth.com

 | Herausgeber: Bund Deutscher Architekten Landesverband Berlin e.V. | Redaktion: Matthias Seidel, Berlin | Übersetzung: Julian Jain, Berlin; Geoffrey Steinherz, Wiesbaden; Jörn Frenzel, Berlin | Gestaltung: Susanne Rösler, Berlin | Lithografie: Bild1Druck, Berlin | Druck und Bindung: GCC Grafisches Centrum Cuno, Calbe | jovis Verlag GmbH | Kurfürstenstraße 15/16, 10785 Berlin | www.jovis.de | Bibliografische Information Der Deutschen Bibliothek | Die Deutsche Bibliothek verzeichnet diese Publikation in der Deutschen Nationalbibliografie, detaillierte bibliografische Daten sind im Internet über http://dnb.ddb.de abrufbar.
ISBN 978-3-939633-63-1

INHALT CONTENTS

GRUSSWORT GREETING

Regula Lüscher, Senatsbaudirektorin Senate Director of Building

Der BDA steht bundesweit für eine Berufsorganisation, die sich der städtebaulichen und architektonischen Qualität verpflichtet hat. Lange bevor das Wort „Baukultur" zum Modewort wurde, hat sich der BDA ganz diesem Thema gewidmet. Die BDA-Mitglieder werden aufgrund anspruchsvoller Kriterien in den „Bund Deutscher Architekten" berufen. Der Zusatz BDA steht also als Markenzeichen für Qualität. Dabei wird ein gelungener Dachausbau genauso gewürdigt wie eine städtebaulich herausragende Intervention.

Der BDA beschränkt sich aber nicht darauf, dieses „Qualitätssiegel" zu vergeben, sondern er engagiert sich durch die Verleihung von Architektur- und Nachwuchsförderpreisen aktiv für die Förderung von Baukultur. Letzteres fügt sich nahtlos ein in die Architekturvermittlung, welche mit Besichtigungstouren, Ausstellungen und Publikationen wie dieser gepflegt wird. Selbstverständlich dient diese Öffentlichkeitsarbeit auch immer den Eigeninteressen der BDA-Mitglieder, die sich als leistungsfähige Berufsleute potenziellen Bauherren präsentieren wollen. Das ist richtig und wichtig. Auch das vorliegende Buch tut dies und zwar mit einer beeindruckenden Qualität und Vielfalt an Bauwerken.

Ich wünsche mir, dass diese Publikation dazu beiträgt, dass das große Wissens- und Leistungspotenzial „einheimischen" Schaffens wahrgenommen wird. Berlin rühmt sich seines innovativen und kreativen Milieus. Diese kreativen Kräfte in den ökonomischen Kreislauf einzubinden, muss das Ziel sein. Wenn diese Publikation dazu beitragen kann, unbekanntere Büros vorzustellen, ist dies ein Schritt auf diesem Weg. Dabei wäre es wichtig, auch die Auftraggeberseite zu Wort kommen zu lassen. Sie macht es möglich, dass das architektonische Können und Wollen auf einen ebenso hoch stehenden Nutzerdiskurs trifft, der befruchtend wirkt. Ich würde mir daher an dieser Stelle die Stimme des zufriedenen Auftraggebers wünschen.

Da ich als Senatsbaudirektorin unter anderem auch für öffentliches Bauen zuständig bin, kann ich gern diese Rolle übernehmen. Meine Erfahrung beim öffentlichen Bauen, aber auch bei der Begleitung privater Bauvorhaben ist die, dass die Innovationsfähigkeit der interdisziplinären Planungsteams unerlässlicher und entscheidender Aspekt bei der Lösung komplexester Aufgabenstellungen ist. Nur kluge und interdisziplinär agierende „Entwerfer" können durch unerwartete Arbeiten überraschen und Wege aufzeigen.

Ich verstehe aber meine Aufgabe nicht darin, nur Einzelvorhaben zu unterstützen, sondern Qualität in bedeutenden Entwicklungsprozessen zu befördern. Die Entwicklung des Flughafens Tempelhofs zum Beispiel ist eine solche Aufgabe, die exemplarisch deutlich macht, wie vielschichtig die Planungsprozesse sind.

Von der großmaßstäblichen Ordnung einer unbebauten Fläche über die Nachnutzung eines historischen Gebäudes bis zur Entwicklung von innovativen Konzepten für Wohnen und Gewerbe ist alles gefragt. Alle Planungsmaßstäbe schichten sich aufeinander, greifen ineinander und müssen parallel entwickelt werden. Dabei muss man Aufgaben an kompetente Fachleute abgeben können, die engagiert die Prozesse in der Stadt unterstützen.

Dieses Buch beweist, dass das Berliner „Architektur-know-how" weit über die Grenzen der Stadt hinaus bekannt ist und Anerkennung findet. Ich danke den Initiatoren des Buches und den Architekten für ihr Engagement und wünsche uns allen weiterhin Freude beim Einsatz für die Baukultur!

The BDA stands nationally for a professional organization committed to urban developmental and architectonic quality. Long before the words "building culture" (in German, Baukultur) became fashionable, the BDA had devoted itself entirely to this subject. The BDA members are admitted in the „Bund Deutscher Architekten" (Union of German Architects) on the basis of rigorous criteria. The BDA behind an architect's name are a trademark of quality. It lends just as much distinction to a successful attic conversion as it does to an extraordinary urban developmental intervention.
However, the BDA does not limit itself to bestowing this „seal of quality", but rather by awarding prizes for architecture and the encouragement of young talent it actively engages in the promotion of building culture. The latter activity fits seamlessly into the architectural mediation, which is cultivated by viewing tours, exhibitions and publications like this one. This public relations work of course also serves the self interests of the BDA members, who as competent professionals want to present themselves to potential clients. That is correct and important. And that is what this book also does, with an impressive quality and multitude of architectural examples.
I would hope that this publication helps the great potential for knowledge and performance of "home-grown" creation to become acknowledged. Berlin vaunts its innovative and creative milieus. Integrating these creative forces in the economic cycle must be the goal. If this publication can help to present less well known firms, that is a step in that direction. In that regard it would be important to let the client side of the equation say something. They make it possible that the architectonic ability and volition encounter a user's discourse at a high enough to make it fruitful. Therefore in that regard I would prefer to hear the voice of the satisfied client.
Since as senate director of building I am among other things also responsible for public building, I can gladly assume this role. My experience with public building, but also in the supervision of private building is that the capacity for innovation of the interdisciplinary planning teams is an indispensable and decisive aspect in the solution of the most complex tasks. Only intelligent and interdisciplinarily active designers can create surprise and forge paths with unexpected work.
However, I do not understand my task as simply supporting individual projects, but instead in promoting quality in significant processes of development. The development of the Tempelhof airport is one such example, where it becomes clear in exemplary fashion, how multifaçeted the planning processes are, ranging from the large scale of a vacant building space to the re-utilization of a historical building, to the development of innovative residential and commercial concepts. All planning standards are layered on top of each other, mesh with each other and must be developed in parallel. In order to do that one has to give the tasks to competent professionals, who energetically support the processes in the city.
This book shows that the Berlin "architectural know-how" is known and acknowledged far beyond the city borders. I thank the initiators of the book and the architects for their involvement and wish all of us continuing joy in the commitment to building culture!

VORWORT FOREWORD

Christine Edmaier, 1. Vorsitzende 1st Chairperson BDA Berlin

Vor drei Jahren erschien der erste Band über Berliner BDA Architekten und Architektinnen, nun ist es an der Zeit für einen neuen Band und einen neuen Blick auf die Architekturproduktion in der Stadt. Um diesen neuen Blick haben wir die Senatsbaudirektorin Regula Lüscher und den Architekturtheoretiker Hubertus Adam gebeten, die sich beide auf die vorliegenden Projekte beziehen. Daneben kommt der neue Vorsitzende der Bundesstiftung Baukultur, Prof. Michael Braum zu Wort, und das BDA-Ehrenmitglied David Chipperfield reflektiert die intensive Berliner Debatte um die Vergangenheit. Ist das neue Berlin das alte Berlin oder wagen wir es, der Zukunft eine Chance zu geben?

Trotz verbesserter Baukonjunktur und der Hoffnung auf eine liberalere Politik in der Senatsbauverwaltung ist der Überlebenskampf für viele Kollegen und Kolleginnen nach wie vor hart, und das betrifft nicht nur die kleineren Büros. Es ist Teil unseres freiberuflichen Selbstverständnisses, uns immer wieder in „Verfahren" aller Art dem freien geistigen Wettbewerb zu stellen, teilweise aber auch schlicht ein Ergebnis der viel zu hohen Zahl von Berliner Architekten. Angesichts knapper Kassen und teilweisem Rückzug der öffentlichen Hand sowie vorwiegend am Profit orientierter privater Bauvorhaben ist es keineswegs selbstverständlich, dass ein hoher Qualitätsanspruch und eine klare architektonische Haltung von BDA-Architekten und -Architektinnen durchgehalten werden können. In den vorliegenden Projekten sind solche Konflikte allenfalls zu erahnen – und darauf können wir mit Recht stolz sein.

Dennoch frage ich mich dabei: Wie will ein Berufsstand, der trotz der oft widrigen Bedingungen und teilweise nicht auskömmlicher Honorare herausragende Leistungen liefert, überhaupt auf die Grenzen seiner Belastbarkeit aufmerksam machen? Die angestrebte Deregulierung unserer Honorarordnung kann schließlich auch als Ausdruck eines unerschütterlichen Vertrauens gelesen werden, dass wir selbst noch in einem gnadenlosen Preiswettbewerb unserem hohen Anspruch treu bleiben und unser Bestes geben werden – weil wir einfach gar nicht anders können (und wollen). Unser Berufsethos einerseits und unsere Eitelkeit andererseits machen uns oft genug zu willigen Selbstausbeutern – wer von uns will schließlich Arbeits- und Lebenszeit an ein Projekt vergeuden, das zum Beispiel nicht einer Veröffentlichung in diesem Kompendium würdig ist?

Der vorliegende Band zeigt aber auch, dass es private und öffentliche Bauherren gibt, die bereit sind, ihre Verantwortung ernst zu nehmen. Dies drückt sich in einer fairen Honorierung und im Respekt für unsere Arbeit aus, die wir ohne gute Partner auf Dauer nicht leisten können. Hier möchte ich an die Stadtplanung appellieren, deren Aufgabe es ist, mehr Eigennutzer in den Planungsprozess einzubeziehen, anstatt das Bauwesen der anonymen Produktion von Wohn- und Büroraum zu überlassen. Qualität entsteht vor allem auch dort, wo für den eigenen Bedarf gebaut wird, sei es in Baugruppen, Einfamilienhäusern oder individuell gestalteten Räumen für gewerbliche Zwecke. Voraussetzung für diese Qualität ist nicht Reglementierung, sondern einfach nur eine gewisse Kleinteiligkeit, die es Selbstnutzern erlaubt, zu agieren.

Berlin sollte es sich leisten, die Potenziale unserer Arbeit in wirtschaftlicher und kultureller Hinsicht zu erkennen, einzubeziehen und zu fördern, damit von hier aus noch stärkere Impulse ausgehen, von der die Stadt und die gesamte Baukultur in Deutschland profitieren werden.

Three years ago the first volume about the Berlin BDA architects was published and it is now time for a new volume and a new look at the architectural production in the city. We have asked the senate director of building Regula Lüscher and the architectural theoretician Hubertus Adam, who both refer to the projects at hand, to provide us with this new look. In addition the new chairman of the Bundesstiftung Baukultur, Prof. Michael Braum, says a few words, and the honorary BDA member David Chipperfield reflects on the intensive Berlin debate about the past.

Is the new Berlin the old Berlin or do we dare to give the future a chance?

In spite of the improved economic situation and the hope for a more liberal policy in the senate building administration the struggle to survive for many colleagues is still hard, and that does not just mean the smaller firms. A part of that struggle is our self-conception as self employed persons, to engage in all kinds of processes in the name of free intellectual competition, but it is also in part the simple result of the great number of architects in Berlin. In the light of tight budgets and the partial cutback in public spending as well as the mainly profit oriented private building projects it is by no means self evident that a high demand for quality and a clear architectonic conduct on the part of BDA architects can be maintained. In the projects at hand such conflicts can be assumed to have played a role—and we can justly be proud of that.

But I still ask myself: How can a profession, which in spite of the often adverse conditions and in part inadequate remuneration, delivers extraordinary performances, manage to draw attention to itself at the limits of its economic capacity? The strived for deregulation of our fee schedules can also ultimately be seen as the expression of an unshakable faith in us, that in the midst of a merciless price competition we will remain true to our high demands and give our best—because we simply cannot (and do not want to) do otherwise. Our professional ethic on the one hand and our vanity on the other hand are often enough to make us into self-exploiters—who among us after all wants to work on a project, that for example is not worthy of being published in this compendium?

The present book also shows that there are private and public builders who are prepared to take their responsibility seriously. This is expressed in a fair remuneration and respect for our work, which without good partners we could not perform for long. Here I would like to appeal to the city planning, whose task it is to include more self-users in the planning process, instead of leaving building to the anonymous production of residential and office space. Quality occurs above all where building is done for one's own use, be that in building groups, single family houses or individually designed spaces for commercial purposes. The precondition for this quality is not regimentation, but simply a certain attention to detail that allows self-users to operate.

Berlin should be able to afford to acknowledge, include and promote our work from an economic and cultural standpoint, so that even stronger signals can be sent from here, which will benefit the city and the whole building culture in Germany.

WIEDERAUFBAU DES NEUEN MUSEUMS BERLIN

RESTAURIERUNG, REPARATUR UND INTERVENTION

David Chipperfield

Seit John Ruskin in seinem moralistischen Essay die Neigung des 19. Jahrhunderts zur historischen Rekonstruktion angriff, ist der Streit zwischen jenen, die Denkmäler wiedererrichten wollen, um ihren alten Glanz visuell neu aufleben zu lassen, und jenen, welche die Gebäudehülle als physisches Zeugnis der Geschichte erhalten wollen, ständig neu inszeniert worden. Nirgends ist diese Debatte so ausführlich und heftig geführt worden wie im Nachkriegs-Deutschland. Der Streit, unvermeidbar eine komplexe Mischung aus Gefühlen und Verstand, gründet sich auf die zueinander im Widerspruch stehenden Sehnsüchte, einerseits die „Trümmer und die Erinnerungen" zu beseitigen und – andererseits – das Verlorene wiederherzustellen.

Wie das Paradoxon vom Schiff des Theseus verlangt die Debatte von uns, dass wir uns über die Art, wie wir unsere Geschichte bewahren, klar werden und darüber, in welchem Maße wir Bedeutung und Realität im Zuge des Wiederaufbaus oder der Konservierung zerstören oder durcheinander bringen. Trotz Georg Dehios deutlicher Forderung „Konservieren, nicht restaurieren!" und trotz der klaren Vorgaben der Charta von Venedig und obwohl die modernistische Forderung nach einer tabula rasa („Wir werden nichts erreichen, wenn wir nicht jede Ruine zusammen mit den geistigen Trümmern ausmerzen!") keine Gültigkeit mehr hat, fällt das allgemeine (Vor-)Urteil doch meist zugunsten der historischen Rekonstruktion aus. Leider ist der Ton der Debatte sehr polemisch geworden; jeder Fall muss auf seine eigenen Qualitäten hin überprüft werden. Sowohl Rekonstruktion, Konservierung, Restaurierung, Erneuerung und Instandsetzung stehen uns zur Verfügung und keine dieser Techniken an sich verfügt über moralische Überlegenheit – diese können sie nur aus der Motivation für ihre jeweilige Anwendung beziehen.

Einige konkrete Auseinandersetzungen belegen am besten, worum sich die Fehde dreht. Man kann den vollständigen und (in meinen Augen) gerechtfertigten Wiederaufbau von Goethes Geburtshaus in Frankfurt als Symbol für Deutschlands wachsende Sehnsucht sehen, seine kulturelle Würde von den Trümmerbergen wiederzuerlangen; Egon Eiermanns klar formulierte Collage aus Ruine und moderner Intervention für die Kaiser-Wilhelm-Gedächtniskirche in Berlin; die radikale Neuinterpretation der Pinakothek München durch Hans Dollgast; und letztlich die viel gelobte Rekonstruktion der Dresdner Frauenkirche als Tribut an den Volkswillen, die symbolische Silhouette wieder aus den Trümmern, die dort seit dem Krieg als stummer Zeuge mahnten, emporwachsen zu sehen. Mit der kürzlichen Entscheidung des Bundestages, die Bundesregierung mit dem Wiederaufbau des Berliner Schlosses zu beauftragen, inklusive drei seiner Barockfassaden, ist die Voreingenommenheit zugunsten der historischen Rekonstruktion, bisher Domäne der öffentlichen Meinung und der Medien, auf Staatsebene angekommen.

Vor diesem Hintergrund ist die Restaurierung des Neuen Museums geplant und ausgeführt worden. Unser Ansatz, weder zu imitieren noch die vorhandene archäologische Substanz (ein Gefüge aus Ziegeln und architektonischen Fragmenten á la Piranesi) für ungültig zu erklären, war durch den Wunsch motiviert, die Überreste zu schützen und zu reparieren, einen verständlichen Ort zu schaffen sowie die einzelnen Teile wieder zu einem architektonischen Ganzen zusammenzufügen.

Das Projekt machte sowohl den Bau großer, fehlender Teile des Gebäudes als auch die Instandsetzung und Konsolidierung der vorhandenen Bauteile notwendig. Es war unser Ziel, diese zwei Aktivitäten zu einer einzigen zu verschmelzen; das Alte und Neue sollten einander verstärken – nicht um des Kontrastes willen, sondern um Kontinuität aufzuspüren. Dieser Vorsatz der Kontinuität und Ganzheit drückte sich durch einen philosophischen und technischen Ansatz aus, der den Schutz der ursprünglichen Substanz zu seinem zentralen Credo erhob. Dieser Ansatz verweigert sich unausweichlich dem Ehrgeiz, die „Dinge so zu machen, wie sie waren." Eine historische Rekonstruktion würde die Unterdrückung, wenn nicht gar Zerstörung von ursprünglichem Material notwendig machen im Streben nach dem „wieder neu Errichteten."

Obwohl sich das Projekt mit den philosophischen Belangen der Restaurierung befasst, musste es sich auch der nicht unwesentlichen technischen Aufgabe stellen, bauphysikalischen und ökologischen Vorgaben zu genügen und gleichzeitig die organisatorischen Anforderungen eines modernen Museums und eines Gebäudes erfüllen, welches (durch die neue archäologische Promenade) einen Teil des Ensembles der Museumsinsel mit ihren archäologischen Museen und Kunstsammlungen bildet. Der akribische Prozess von Instandsetzung und Restaurierung, der unter Leitung von Julian Harrap ausgeführt wurde, macht den Prozess als eine Reihe von sachkundigen und sorgfältigen Entscheidungen deutlich, der die Sorge um das Detail und den Blick für das Ganze in der Waage hielt. Dieser Ansatz – sicherzustellen, dass das Neue und Alte, das Original und das Erneuerte, Restaurierung und Intervention zu einem großen Ganzen zusammengefügt werden – durchzieht das ganze Projekt.

Im größeren Maßstab ist das Konzept der Kontinuität und Ergänzung durch den Bau von einfachen Baukörpern und Oberflächen in Mauerwerk und vorgefertigtem Beton umgesetzt worden. Aufgrund ihres Maßstabs mussten diese Baukörper ihre eigene Sprache finden, wobei sie dennoch die Idee des großen Ganzen unterstützen und das Imitieren von historischen Details vermeiden müssen. Wenn also das Instandsetzungskonzept das Verbinden von Flächen, das Überbrücken der Abstände zwischen originalen Elementen, das Einordnen von Fragmenten in ein Ganzes ist, dann wird der Maßstab kritisch. Der fehlende Teil einer verputzten Wand stellt ein kleineres Problem dar als eine fehlende Wand oder ein fehlender Teil eines Raumes. Diese „Überbrückungsdimension" erfordert eine andere Qualität von dem Brücken-Bauteil. Eine kleine Ausbesserung bedarf keiner eigenen Eigenschaften; aber eine große bedarf ihres eigenen physischen und materiellen Charakters, wenn sie nicht zum leblosen, leeren „Platzhalter" werden soll.

Hierin liegt die Aufgabe: Strategien und Techniken für die Instandsetzung in verschiedenen Maßstäben zu entwickeln, die aber auch eine gemeinsame Sprache besitzen. Im größten Maßstab handelt es sich hierbei um einen baulichen Eingriff, welcher einer eigenen „Geschichte" bedarf. Das Neue Museum beinhaltet eine Reihe von großen Eingriffen (an Stellen, wo die bloße Imitation des Originals für unzureichend befunden wurde). Diese Eingriffe finden unweigerlich dort statt, wo die Zerstörung am größten war: in der Treppenhalle, der nordwestlichen Kuppel, dem Südwest-Flügel und dem Ägyptischen Hof. Das dynamische Verhältnis zwischen Instandsetzung, Konservierung, Restaurierung und Intervention hat sich durch den ständigen Dialog nicht nur mit den Projektbeteiligten – Bauherr, Denkmalschützer, Planer und Restauratoren – sondern auch mit den kraftvollen Überresten von Stülers außergewöhnlichem Gebäude entwickelt.

NEUES MUSEUM BERLIN

RESTORATION, REPAIR AND INTERVENTION

David Chipperfield

Ever since John Ruskin published his moralistic essay attacking the 19th century tendency of historic reconstruction, the argument between those who wish for monuments to be rebuilt to visually simulate their original glory and those who wish to preserve the building fabric as the physical evidence of history has been constantly rehearsed. Nowhere has this debate been so well and so fiercely articulated as in post-war Germany. The argument, inevitably a complex cocktail of emotion and intellect, draws upon the conflicting desires to remove the "rubble and the memories" and conversely the desire to put back what was lost.

Like the paradox of the boat of Theseus, the debate requires us to consider the method by which we preserve our history and to what degree we destroy or confuse meaning and reality in the process of restoration or preservation. Despite inheriting the clear guidance of the historian Georg Dehio who argued "conserve not restore" and despite the clear direction of the Venice charter and despite the freedom from a modernist agenda that sought to make a "tabula rasa" ("Nothing will be achieved if we don't clear away every ruin along with the mental debris"), the prevailing prejudice has continuously tended towards historical restoration. It is unfortunate that the argument has become so polemic; every situation needs to be considered on its own merits. Reconstruction, conservation, restoration, renovation and repair are all at our disposal, no technique has a moral certitude of its own, only the purpose of its application can invest it with one.

A few specific conflicts best define the ambitions of the battle. We can think of the total but (in my opinion) justified rebuilding of Goethe's birthplace in Frankfurt as a symbol of Germany's growing desire to reclaim cultural dignity from the rubble mountains; Egon Eiermann's articulate collage of ruin and modern intervention for the Kaiser Wilhelm Gedächtniskirche in Berlin; the radical reinterpretation of the Pinakothek in Munich by Hans Dollgast; and finally the much celebrated reconstruction of Dresden's Frauenkirche as a testament to the public will to see once again the symbolic silhouette rise from the piles of stones that sat as a haunting presence since the war. The recent decision by the German Parliament to instruct the Federal Government to rebuild the Berlin Schloss, including three of its baroque façades, elevates the prejudice for historical reconstruction from being the territory of the public and the media to that of the State.

Against this background the restoration of the Neues Museum has been planned and carried out. Desiring neither to imitate nor invalidate the remaining complex of ruined fabric, a Piranesian structure of bricks and architectural fragments, our concern has been motivated by the desire to protect and to repair the remains, to create a comprehensible setting, and to reconnect the parts back into an architectural whole. The project has required the construction of large missing sections of the building as well as the repair and consolidation of the remaining parts. It has been our ambition to bind these two activities into a single approach, the new and the old reinforcing each other not in a desire for contrast but in a search for continuity. This intention of continuity and completeness has been carried out within a philosophical and technical approach that elevated the protection of original fabric to its central credo. This approach inevitably denies the ambition of "making things as they were". Historical reconstruction would require the suppression if not destruction of original material in a desire for "the made new again".

The project, while dealing with the philosophical concerns of restoration, has also had to deal with the not inconsiderable technical task of achieving thermal and environmental standards, as well as the organisational requirements of a modern museum and a building that forms (via the new archaeological promenade) part of the Museum Island ensemble of museums and their archaeological and fine art collections. The meticulous process of repair and restoration carried out under the guidance of Julian Harrap makes explicit the process as a series of informed and careful judgements, balancing the status of the piece with the vision of the whole. This approach pervades the whole project ensuring that the new and the old, the original, and the repair, the restoration and the intervention are fused together into a singular whole.

At the larger scale the realisation of the concept of continuity and completion has been achieved by the construction of new simple volumes and surfaces in brickwork and pre-cast concrete. These new volumes, while supportive to the concept of completion and avoiding the imitation of historical detail, have a sufficient scale that demands that they must establish their own presence. If the concept of repair is then to link together surfaces, to bridge between original elements, to bind fragments into a whole, scale is critical. A missing part of a plaster wall sets less challenge than a missing wall or part of a room. This "bridging dimension" requires a different contribution of the repair (or bridge). A small repair needs no quality of its own; a large one, if it is not just to become a lifeless and empty "placeholder", must have a physical and material character of its own.

Herein lies the task, to develop strategies and techniques that deal with repair of different scale yet are consistent to an approach. At the largest scale the repair becomes an intervention and requires its own "story". The Neues Museum contains a series of major interventions (moments where the neutral imitation of the original was judged to be insufficient). These interventions inevitably occur where the damage was greatest: the staircase hall, the northwest cupola, the southwest wing, and the Egyptian courtyard. The dynamic correspondence between repair, conservation, restoration, and intervention has evolved through continuous dialogue not only between the participants in this process, client, conservationists, planners, and restorers, but also with the potent remains of Stüler's extraordinary building.

BAUKULTUR DES ALLTÄGLICHEN

Prof. Michael Braum, Vorstandsvorsitzender der Bundesstiftung Baukultur

Urteilt man über die Qualität von Baukultur, so ist die Perspektive der Betrachtung von nicht unerheblicher Bedeutung. Nähert man sich in einem primär objektivistischen Verständnis der Ästhetik, kann dies zu anderen Einschätzungen der baukulturellen Qualitäten eines Objektes führen als die Annäherung über ein primär empirisches Verständnis der ästhetischen Wahrnehmung. Während bei einer objektivistischen Betrachtung die Eigenschaft des Gebäudes dessen Ausdruckskraft und damit dessen Schönheit bestimmt, fokussiert die empirische Ästhetik die erkenntnistheoretisch orientierte Betrachtungsweise auf die Qualitäten der Erfahrung und der Wirkung, die das Haus beim Betrachter auslöst. Die Wahrnehmung des Schönen hängt hier weniger vom Objekt selbst als vielmehr von den Gewohnheiten und der Betrachtungsfähigkeit des Betrachtenden ab. In diesem Dilemma bewegt sich die Debatte um die Baukultur gerade bei der Betrachtung der Alltagsarchitektur.

Seit der Antike ist die Architekturtheorie bemüht, die Beziehung der drei vitruvianischen Begriffe, der *utilitas* (der Nützlichkeit), der *firmitas* (der Festigkeit) und der *venustas* (der Anmut) in Einklang miteinander zu bringen, Aspekte, die bis heute unbestritten die Debatte um Baukultur beeinflussen. Ist bei Vitruv die *venustas* noch dadurch bestimmt, dass sie das harmonische Zusammenspiel zwischen dem Ganzen und seinen Teilen erklärt, verliert sie diese herausgehobene Stellung im Verlauf der architekturgeschichtlichen Entwicklung. In der Neuzeit beanspruchen zunehmend *firmitas* und *utilitas* für sich, das gefällige Aussehen eines Gebäudes zu bestimmen.

Vitruvs harmonischer Dreiklang gleichwertiger Bedingungen wurde von dem analytischen Geist der späten Moderne zerlegt. Meines Erachtens ein Grund, dass die Baukultur insbesondere im Zuge der Nachkriegsmoderne zunehmend in die Kritik der breiten Öffentlichkeit geriet. Zeugen doch zahllose Bauwerke aus dieser Epoche davon, dass bei ihrer Errichtung weder handwerklicher Sachverstand die Kelle geführt noch eine humanistisch orientierte Bildung dazu gereicht hat, dem Werk eine über sich hinausweisende Bedeutung zu verleihen. Dies gilt insbesondere für die Alltagsarchitektur. Baukultur muss wieder als etwas Sinnliches erfahrbar werden, das über die reine Funktionalität und Rationalität hinausgeht und Einzigartigkeit beinhaltet, auch oder gerade für die Architektur des Alltäglichen.

Besonders in der Verantwortung stehen hier neben den Architekten, Städtebauern und Stadtplanern diejenigen, die die gebaute Kultur genehmigen und nicht zuletzt diejenigen, die sie bauen: die gemeindepolitischen Vertretungen sowie deren ausführende Organe ebenso wie die Vertreter der Bauwirtschaft.

Erstere spürt man in der Debatte um die gestalterischen Qualitäten der gebauten Umwelt häufig in der Defensive: Begründet durch ökonomische Zwänge, ökologische Erfordernisse und soziale Notwendigkeiten werden gestalterische Anforderungen, wie sie Vitruv mit der *venustas* beschrieb, zunehmend hintangestellt. Auch die Entscheidungen der Bauwirtschaft prägen vor allem vermeintlich ökonomische Zwänge. Unsere Städte und Kommunen legen, insbesondere in der städtischen Peripherie, ein beredtes Zeugnis dafür ab.

Es reicht offensichtlich nicht, wenn sich ausschließlich die Profession des Themas annimmt und der größere Teil der Öffentlichkeit im Rahmen der Debatte außen vor bleibt, entweder aus Unkenntnis oder schlichtweg aus Ignoranz und Desinteresse. Wollen wir die Qualitäten der Architektur des Alltäglichen nachdrücklich verbessern, muss sich die Zunft für eine Qualitätskontrolle der Produkte der gebauten Umwelt starkmachen und auch diejenigen für die Diskussion interessieren, die die Gebäude und Objekte realisieren, das heißt die Politik und die Bauwirtschaft. Beides sind Milieus, die im Regelfall über ein nur schwach ausgebildetes objektivistisches Verständnis von Ästhetik verfügen, da sie dies nie gelernt haben.

Der augenscheinliche Trend, das bloß Dekorative, und sei es noch so vorgetäuscht, auf eine Stufe mit dem Originalen zu stellen, ist ein Beleg für diese allgemeine Verunsicherung. Die restaurativen Tendenzen haben ihre Ursachen unbestritten, aber nicht ausschließlich, auch in den Fehlern der Moderne, die mit ihrem radikalen Stadtumbau keine Rücksicht auf Identitäten, gewachsene Strukturen und stadträumliche Qualitäten nahm.

Zur Qualifizierung der Debatte über eine anspruchsvollere Gestaltung unserer Umwelt benötigt die Öffentlichkeit den Rat derer, die das Metier studiert haben. Dieser Rat muss jedoch dem Umstand Rechnung tragen, dass sich die Qualitäten baukultureller Produkte nicht ausschließlich an dem objektivistischen Verständnis von Ästhetik festmachen lassen, sondern gerade bei der Architektur des Alltäglichen zunehmend ein empirisches Verständnis von ästhetischer Wahrnehmung greift. Zukünftig wird es darum gehen, zwischen diesen beiden Auffassungen ein Gleichgewicht herzustellen.

Rem Koolhaas begründet den beklagten Verlust der Einzigartigkeit unserer Städte zutreffend aus den Folgen der Globalisierung. Die global operierenden Städte laufen Gefahr, ihrem Kontext, ihrer Identität und ihrer Geschichte entzogen zu werden. In der Konsequenz entsteht die „Stadt ohne Eigenschaften". Diesem Trend muss die Debatte um die Baukultur des Alltäglichen entgegensteuern. Gerade in der Qualität der Alltagsarchitektur zeigt sich, inwieweit unsere Städte es in Zukunft zu leisten vermögen, sowohl baukulturell als auch gesellschaftlich zentrale Stadträume nicht zu „Stätten ohne Eigenschaften" werden zu lassen.

Das heißt, dass wir gerade der Alltagsarchitektur eine erhöhte Wertschätzung beimessen müssen, unseren Supermärkten ebenso wie den großen Bauwerken der technischen Infrastruktur. Letztere Projekte sind für die Identität unserer Städte ebenso prägend wie die Einrichtungen der sozialen Infrastruktur, ob Kirchen, Synagogen, Moscheen oder Schulen.

Gerade über die gestalterischen Qualitäten unserer Bildungseinrichtungen müssen wir zukünftig eine intensive Debatte führen. Die gestalterischen Qualitäten der Kindergärten, Schulen, Hochschulen und Universitäten zeugen neben den funktionalen Erforderlichkeiten vom Grad der Wertschätzung der baukulturellen Dimension in der Alltagsarchitektur. Diese Häuser sind neben unseren spirituellen Orten das Spiegelbild unserer Gesellschaft. Ich bin überzeugt davon, dass ihre bauliche Qualität ebenso wichtig für das PISA-Ranking ist wie das Curriculum und die Qualität und Intensität der Lehre.

Thematisieren wir die Alltagsarchitektur als Austragungsort des baukulturellen Diskurses, gerät der öffentliche Raum notwendigerweise in den Fokus der Betrachtung. Seit Jahrzehnten in der Diskussion, lassen sich gestalterische Aufwertungen fast nur an den besonderen Orten der Städte spüren. Dort, wo die Bevölkerung lebt, zeichnet er sich in weiten Teilen durch die Abwesenheit von Baukultur aus.

Aufgabe ist es, den Diskurs über das zeitgenössische Bild der europäischen Stadt zu qualifizieren und dabei wieder Vertrauen in die Disziplin herzustellen. Dies bezieht neben dem Glauben an die Kraft der zeitgenössischen Architektur ausdrücklich die Sensibilisierung der Öffentlichkeit für die baukulturelle Qualität der Alltagsarchitektur ein. Es muss uns zukünftig wieder gelingen, hier eine durchgängig höhere Gestaltqualität zu erzielen. Unsere Nachbarn, insbesondere in der Schweiz und in Österreich, führen uns vor, wie ein solcher Paradigmenwechsel vollzogen werden kann.

Gestalterische Ansprüche an die Qualitäten der gebauten Umwelt, ein verantwortungsvoller Umgang mit der eigenen Geschichte sowie die Suche nach dem Einvernehmen mit den natürlichen Ressourcen sind kein Luxus, sondern ein Stück steter Selbstvergewisserung. Die bedrohte Art sind wir selbst. Die Qualität unserer Umgebung prägt uns und ist ein Spiegelbild unserer Wertvorstellungen. Baukultur ist vor diesem Hintergrund ein Thema für jeden Tag.

EVERYDAY BUILDING CULTURE

Prof. Michael Braum, Chairman of the Board of the Bundesstiftung Baukultur
(National Foundation for Building Culture)

If one is to pass judgement on the quality of building culture, then the point of view is not unimportant. If the approach is a primarily objectivistic understanding of aesthetics, this can lead to other estimations of the building cultural qualities of a building than an approach featuring a primarily empirical understanding of the aesthetic perception. While in the case of an objectivistic observation of the characteristics of a building which is determined by an expressiveness which thereby determines its beauty, empirical aesthetics focuses the epistemologically oriented point of view on the qualities of experience and the effect which the building triggers in the viewer. The perception of the beautiful is less dependent here on the object itself as it is on the habits and capacity for viewing of the viewer. This dilemma in the debate on building culture characterizes the observation of everyday architecture.

Architecture theory has been concerned since antiquity with bringing together the three Vitruvian terms, of *utilitas* (commodity), *firmitas* (firmness) an *venustas* (delight) in a relationship of harmony, aspects of which still indisputably influence the debate on building culture today. If according to Vitruvius, the *venustas* is still determined by its role in explaining the harmonic interaction between the part and the whole, it loses the prominence of this position in the course of historical architectural development. In contemporary times *firmitas* and *utilitas* determine how the exterior of a building will look.

Vitruvius' harmonic triad of equivalent conditions was dismantled by the analytic spirit of the late Modern. In my opinion that is a reason that building culture especially in the course of the post war Modern increasingly became an object of widespread public criticism. Many buildings from this period demonstrate that in building them neither the craftsmanship guiding the trowel nor a humanistic education sufficed in lending the building a meaning beyond the fact of its existence. This is especially true of the everyday architecture. Building culture must again become something that can be sensually appreciated, which transcends pure functionality and rationality and contains uniqueness, also or especially for everyday architecture.

Exceptionally responsible in this regard, in addition to the architects, urban planners and builders, are all those who grant permission for the building culture, and not to be forgotten, those who build it: The local political representatives and their executive bodies as well as the representatives of the building industry.

One notices that the former are often defensive in the debate on the design qualities of the building environment: Citing reasons of economic pressures, ecological requirements and social needs, design requirements, as Vitruvius described them in reference to *venustas*, are increasingly neglected. Decisions made by the building industry are also marked by supposedly economical pressures. Our cities and communities, especially in the urban periphery, provide eloquent witness for this.

Apparently it is not enough, if only the profession is occupied with this subject and the broader public is excluded from the framework of the debate, either from a lack of knowledge or simply out of ignorance and disinterest. If we want to emphatically improve the qualities of everyday architecture, the trade must support a quality control of the product of the built environment and also those who realize the buildings and objects, that is, the politicians and the building industry, must become interested in the discussion. Both are milieus which as a rule have only a faintly developed objective understanding of aesthetics, because they never learned it.

The manifest trend, to place the purely decorative, even it if is only feigned, on a par with the original, is a proof for this general uncertainty. Without a doubt the restorative tendencies have as their origin, although not exclusively, mistakes made by the Modern, which with its radical urban renewal took no consideration of identities, established structures and urban spatial qualities.

As a qualification of the debate about a quality design of our environment the public needs the advice of those who have studied this metier. However this advice must be appropriate to the circumstance that the qualities of architectural products can not exclusively rely on the objectivistic understanding of aesthetics, but rather especially in the case of everyday architecture, they must refer to an increasingly empirical understanding of aesthetic perception. In the future establishing equilibrium between these two views will become increasingly important.

Rem Koolhaas said that the lamented loss of uniqueness of our cities was a function of the consequences of globalization. The globally operating cities are in danger of losing their context, identity and history. As a consequence the "city without qualities" was created. The debate on everyday building culture must counteract this trend. The quality of everyday architecture shows especially to what extent our cities in the future can act to prevent central urban spaces from becoming "sites without qualities" from a building cultural and social standpoint.

That means that we must especially place a higher value on everyday architecture, our supermarkets as well as the great building projects of technical infrastructure. The latter projects are as decisive for the identity of our cities as the facilities of social infrastructure, whether they be churches, synagogues, mosques, or schools.

We must especially conduct an intensive debate in the future about the design qualities of our educational facilities. In addition to the functional needs, the design qualities of kindergartens, schools, colleges and universities bear witness to the level of esteem the building cultural dimension has in everyday architecture. Next to our spiritual sites these buildings are a mirror image of our society. I am convinced that their architectural quality is just as important for the PISA ranking as the curriculum and the quality and intensity of the studies.

When we treat the subject of everyday architecture as a venue of building cultural debate, then public spaces automatically come into focus as a subject of observation. The special cases of our cities have been the almost exclusive focus for decades in the discussion about the need for an upgrading of design. But those parts of the city where the population lives are widely characterized by the absence of building culture.

The task is to qualify the discussion about the contemporary image of the European city and thereby re-establish confidence in the discipline. In addition to the belief in the power of contemporary architecture this refers explicitly to sensitizing the public to the building cultural quality of everyday architecture. We must be able in the future of achieving a consistently higher design quality. Our neighbours, especially in Switzerland and Austria, are showing us how such a change in paradigm can be accomplished.

Design demands for the qualities of the man-made environment, a responsible relationship with one's own history as well as the search for accord with the natural resources are not luxuries, but rather a piece of continuous self-affirmation. We are the threatened species. The quality of our surroundings marks us and is a mirror image of our value judgements. With these criteria in mind building culture is a subject for daily discussion.

ANGEKOMMEN IN DER NORMALITÄT

Hubertus Adam

Fragt man ausländische Architekten oder Architekturkritiker, was es zum aktuellen Stand des Bauens in Deutschland zu sagen gebe, so sieht man sich zunächst mit Schweigen konfrontiert. Nachdem die Heroen der Generation von Günter Behnisch oder Oswald Mathias Ungers abgetreten sind, seit ihre Diskurse und Kontroversen der Geschichte angehören, scheint der Blick auf das bevölkerungsreichste Land Europas ein diffuses Bild zu erzeugen, welches sich der klaren Interpretierbarkeit entzieht. Eindeutigere Reaktionen erhält man, wenn man auf andere Länder blickt. Auf die Schweiz beispielsweise, die als Inbegriff für Perfektion im Detail und asketische Sichtbetonarchitektur gilt – auch wenn das erfolgreichste Architekturbüro des Landes und auch die Generation der nachwachsenden Architekten sich längst von der „Swiss Box" verabschiedet haben. Oder auf die Niederlande, in der man aus der Tatsache, dass Entwurf und Ausführung streng getrennt sind, konzeptionell Kapital geschlagen hat – auch wenn inzwischen traditionalistisch wirkende Bauten in einem vom Neoliberalismus bestimmten Immobilienmarkt auf großes Interesse seitens Käufern und Mietern stoßen.

Fragt man hingegen nach der attraktivsten Stadt in Deutschland, so fällt unverzüglich der Name Berlin. Vorbei sind die Zeiten, da der Umzug der Regierung von Bonn nach Berlin Befürchtungen über zu große Machtkonzentration auslöste; vorbei sind auch die Zeiten, da der Gedanke an die Hauptstadt Assoziationen an mit Steintapete verkleidete Lochfassaden neupreußischer Prägung auslöste. Berlin, und das mag erst einmal beruhigend sein, ist eine Stadt, in der städtebauliche Gesamtvisionen letztlich nur zu Stückwerken geführt haben. Zum Status wiedergeborener Haussmanns fehlten stets Kraft, Zeit oder Geld – meist alle drei zusammen. Das gilt für die Umplanung zur „Reichshauptstadt Germania" ebenso wie für die nach den wechselnden Mustern sozialistischen Städtebaus konzipierte „Hauptstadt der DDR", für die verkehrsgerechte Nachkriegs-Stadtlandschaft ebenso wie für die vom „Planwerk Innenstadt" versprochene Stadtbildkosmetik. Es bereitet keine Probleme, auch aus jüngster Zeit Bauprojekte zu benennen, die nicht eben zur Bereicherung des Stadtbildes beitragen, handele es sich nun um die Megamall Alexa oder die Amerikanische Botschaft am Pariser Platz. Und doch besitzt die Stadt Dimensionen, die Entgleisungen wie diese zu Marginalien und am Ende zu Makulatur stempeln. So wie die Berliner Kiezmentalität letztlich als Korrektiv aller Hauptstadteuphorie fungiert und zentralistischen Aufwallungen jeglicher Couleur den Boden entzieht. Was im Übrigen der Boden schon selbst vermag: Spatenstiche und Grundsteinlegungen berühren ein Terrain, das jeglichen Stolz auf die Scholle versagt. Ob Holocaust-Memorial oder Gestapogelände: Kaum irgendwo wird der Erinnerungsdiskurs mit ähnlicher Intensität geführt oder verfolgt wie in Berlin, wo man ubiquitär auf jene „Gedächtnisorte wider Willen" stößt, von denen die Kulturhistorikerin Aleida Assmann spricht.

Berlin, in den Jahren der Gründerzeit zur boomenden Metropole vernäht, bestand seit jeher aus unterschiedlichen Stadtquartieren – ein Patchwork, das nach dem Zweiten Weltkrieg gleichsam an seiner Sollbruchstelle zwischen West und Ost zerriss. Das Ausfransen an den Rändern, spätmodernes Charakteristikum der vielbeschworenen „europäischen Stadt", ereignete sich hier auch im Inneren: Keine Hauptstadt Europas besaß und besitzt ähnlich viele innerstädtische Brachen wie Berlin. Diese mögen Apologeten der Homogenität ein Dorn im Auge sein, und natürlich zeugen sie nicht eben vom Überdruck ökonomischer Begehrlichkeit. Als urbanes Experimentierfeld aber sind sie ein großes

Potenzial: Raumreserven, die sich temporär bespielen lassen und ein Geschenk für die Zukunft darstellen. Gerade diese Offenheit der Entwicklung macht – verbunden mit niedrigen Lebenshaltungskosten – für viele der Neuzuzügler aus dem Ausland den Reiz der Stadt aus.
Für Architekten bot Berlin in den fast zwei Dekaden nach dem Mauerfall ein Wechselbad der Gefühle. Auf die Zeit der Euphorie, der großen Hauptstadtwettbewerbe und der Transformation der Stadt in eine Großbaustelle folgte die Ernüchterung. Die ökonomische Krise traf die deutsche Hauptstadt stärker als andere Regionen des Landes. Inzwischen hat sich die Situation gebessert, und nachdem das Pendel zunächst nach oben, dann nach unten ausgeschlagen ist, möchte man fast von einer Rückkehr zur Normalität sprechen. Das gilt nicht nur für die Auftragslage, sondern auch für die Bauaufgaben, wie das Spektrum der in diesem Buch versammelten Arbeiten beweist, die von BDA-Architekten aus Berlin in den letzten Jahren entworfen und realisiert worden sind.
Ganz im Gegensatz zu einer immer stärker auf den visuellen Reiz fokussierten globalen und globalisierten Architektur suchen die meisten der Projekte nicht das Spektakuläre; die heutige Herausforderung besteht vielmehr vielfach darin, mit einem vorgefundenen Bestand umzugehen. Das können Erweiterungen sein – in Hamburg ergänzte Bernhard Winking Fritz Schumachers Davidswache mit einem turmartigen Volumen, das sich auf den Ursprungsbau bezieht und doch selbstbewusst jede Anbiederung zurückweist –, aber auch Umbauten im Zuge neuer Nutzungen: So ist die Kaserne des Gardehusarenregiments in Potsdam durch Abelmann Vielain Pock in ein Kulturzentrum verwandelt worden, während Maedebach, Redeleit & Partner die Fabriketage einer um 1900 entstandenen Farbenfabrik in Berlin-Neukölln durch geschickte Interventionen, die als neue Elemente kenntlich sind, für eine Kindertagesstätte hergerichtet haben. Mal geht es dabei um eine Gegenüberstellung von Alt und Neu – wie es HAAS Architekten bei ihrer Sanierung des Großen Tropenhauses im Botanischen Garten in Dahlem praktiziert haben –, mal um die Verschleifung von Bestand und Ergänzung. So ist die im Kern aus den 1950er Jahren stammende Kindertagesstätte in der Griechischen Allee in Oberschöneweide, bei deren Umbau und Erweiterung Behles & Jochimsen mit Topotek zusammenarbeiteten, in eine skulptural anmutende Gesamtkomposition integriert worden. Bemerkenswert sind drei Projekte im Rahmen musealer Nutzungen: der Umbau eines Dieselkraftwerks von Werner Issel in Cottbus für die Brandenburgischen Kunstsammlungen durch Anderhalten Architekten, der Umbau eines Luftschutzbunkers in Berlin-Mitte durch das Büro Realarchitektur für die Kunstsammlung von Christian Boros und Karen Lohmann sowie die sensible Ergänzung des Lutherhaus-Ensembles in Eisleben durch ein Besucherzentrum von Springer Architekten. Im Grenzbereich zwischen Kunst und Architektur sind unter anderem Bernd Bess, der das grafische Signet der Ausstellung „Made in Germany" im Sprengel Museum Hannover in die Rauminstallation einer Lounge überführte, und Christina Mehlhose tätig: Ihre Erdgeschossgestaltung eines Wohn- und Geschäftshauses an der Auguststraße in Berlin-Mitte arbeitet mit dem Mittel der Camouflage, um mit Ironie und Irritation die Fassade neu lesbar zu machen.
Manche Architekten widmen sich dem klassischen Thema des Wohnungsbaus, etwa Carola Schäfers, Becher + Rottkamp oder, mit dem Versuch, die Qualitäten des Einfamilienhauses im innerstädtischen Kontext umzusetzen, Hoyer Schindele Hirschmüller; andere beschäftigen sich mit öffentlichen

Bauaufgaben wie Krankenhäusern, Schulen oder Forschungszentren. Dazu zählen Deubzer König oder Huber Staudt; Stephan Höhne ist mit klar gegliederten Ziegelsteinvolumina eine Ergänzung des Krankenhauses Friedrichshain gelungen.

Zu den herausragenden Arbeiten junger Büros zählen das in landschaftlich geprägter Lage am Rande von Regensburg errichtete Blindeninstitut von Georg Scheel Wetzel, aber auch die Erweiterung der aus den 1970er Jahren stammenden Kantonsschule Rychenberg in Winterthur durch Jost Haberland; beide Projekte dokumentieren zugleich aber auch, dass junge Berliner Architekten keineswegs nur freiwillig ihre Erstlingswerke häufig außerhalb der Grenzen Berlins, wenn nicht sogar außerhalb des Landes errichten.

Stilistisch weisen die Projekte eine große Vielfalt auf. Während Stephan Höhne mit seinem Bürohaus in der Georgenstraße oder Thomas von Thaden mit einem Stadthaus an der Auguststraße eine neoklassizistische Tradition zu reaktivieren suchen, setzen Enno Schneider mit der Kreispolizeibehörde in Mettmann oder GKK mit der deutschen Hauptverwaltung von Fanuc Robotics in Neuhausen bei Stuttgart auf eine moderne Neoorganik, wie sie seit Jahren prominent von Sauerbruch Hutton vertreten wird. Grüntuch Ernst weisen mit ihrem Bürohaus an der Leipziger Straße einen Ausweg aus der petrifizierten Mittelmäßigkeit der Bebauung des Leipziger Platzes; für die Flensburger Förde haben sie einen Hotelkomplex entworfen, der mit der archetypischen Urform dreier Giebelhäuser das Bild hanseatischer Küstenstädte assoziieren lässt, während die perforierte Bronzehaut auf die Materialität von Hafen und Schiffen anspielt.

Wie sich auf die Herausforderungen des Berufsstands im Zeitalter der Globalisierung reagieren lässt, zeigt kein Berliner Büro deutlicher als Graft: Seit dem Hotel Q in Berlin zählen die nicht zuletzt aufgrund ihrer Freundschaft mit Brad Pitt zu Lieblingen der Medien avancierten Architekten zu den Protagonisten digitalen Entwerfens. Mit Zweigbüros in Los Angeles und Peking haben sie sich internationalisiert und sind weltweit tätig. Zu ihren Projekten zählen ein Wellness-Salon und ein Hotel in Peking ebenso wie ein Apartmentkomplex Unter den Linden, Messestände, aber auch Zahnarztpraxen und Geschäftseinrichtungen.

Verbindendes und Spezifisches innerhalb des Spektrums aller präsentierten Arbeiten auszumachen, fällt schwer. Vielleicht ist es auf der Ebene einer Haltung zu suchen: In einer postideologischen Ära, in der die Grabenkämpfe vergangener Dekaden überwunden sind, scheint Pragmatismus an Stelle von Idealismus getreten zu sein – das gilt natürlich nicht nur für Berlin und auch nicht nur für die Architektur. Ob das als Verlust oder als Gewinn zu verbuchen ist, sei dahingestellt. Einerseits mag es aus historischer Erfahrung heraus beruhigen, wenn Architekten nicht mehr antreten, mit ihren Entwürfen die Welt aus den Angeln zu heben. Andererseits bleibt die Lücke spürbar, die der Verzicht auf die Vision zurückgelassen hat. Berlin, so möchte man sagen, ist in der Normalität angekommen. Diese Normalität besteht in einem Nebeneinander von Positionen, und das passt nicht schlecht zu einer Stadt, die eine Collage darstellt; ein Puzzle, das auch in Zukunft kein einheitliches Bild ergeben wird.

ARRIVAL IN NORMALITY

Hubertus Adam

If one asks foreign architects or architecture critics, what there is to say about the current status of building in Germany, then one is initially met with silence. After the heroes of the generation of Günter Behnisch or Oswald Mathias Ungers stepped down, and their debates and controversies have been relegated to history, a glimpse over the most populated country in Europe seems to yield a diffuse image which evades a clear interpretation. One receives less ambiguous reactions if one looks to other countries. For instance in Switzerland, which is considered the pinnacle of perfection in detail and ascetic exposed concrete architecture—although the most successful architecture firm in the country as well as the new generation of architects have long since departed from the „Swiss Box". Or in Holland, where the fact that design and execution are strictly separated has been conceptually capitalized on—even if in the meantime traditionally looking buildings have found great interest among buyers and lessees in a real estate market determined by neo-liberalism.

On the other hand if one asks which city in Germany is the most attractive, the name of Berlin comes immediately to mind. The days are gone when the move of the government from Bonn to Berlin would trigger fear of an over concentration of power; the days are also gone, when thoughts of the capital city called up associations of neo-Prussian, stone wallpaper clad perforated façades. Berlin, and that should be comforting at first, is a city in which the overall urban planning visions have only been piecemeal executed. The prospect of a reborn Haussmann constantly lacks the needed energy, time or money—mostly all three together. That also pertains to the rescheduling of the "Reichshauptstadt Germania" as well as for the "Capital of the GDR" conceptualized according to the changing schemes of socialist urban planning, for the post war, transportation accommodated cityscape, as it does for the promised city image cosmetics of the "Inner City Planning Work". There is also no problem in naming building projects which are quite recent, which do not exactly contribute to an enrichment of the city image, be it the Megamall Alexa or the American Embassy on the Pariser Platz. But the city still has dimensions which ultimately relegate these derailments to the status of aberrations and finally to the waste bin. Just as the Berlin neighbourhood mentality ultimately operates as a check on all capital city euphoria and undermines upsurges of centralism of all stripes. Which by the way the ground also can do: Cutting the sod and ground breaking touch a terrain where there is no place for native soil sentiments. Whether it be the Holocaust Memorial or the Gestapo grounds: There is hardly a place where the remembrance discussion is conducted or pursued with a similar intensity than in Berlin, where one runs into those "places of memory against the will", which the cultural historian Aleida Assmann talks about.

Berlin, which evolved in the late nineteenth century into a booming metropolis, has consisted since time immemorial of different city districts—a patchwork, which after World War II was as it were torn at its predetermined breaking point between west and east. The frazzling at the edges, a late modern characteristic of the vaunted „European city", is also in evidence in the inner city districts: No capital of Europe had and has so much inner city waste land like Berlin. That may be a thorn in the side for those apologists for homogeneity, and naturally does not bear witness to the high pressure of economic covetousness. But as an urban field of experiment they have great potential: spatial reserves, where one can temporarily play and which represent a gift for the future. It is precisely this openness for development—combined with the low cost of living—that makes the city attractive for many of the new foreign immigrants.

For almost two decades after the fall of the Wall, Berlin was an emotional roller coaster for architects. After the time of the great euphoria, the great architectural competitions and the transformation of the city into a giant construction site came the time of sobriety. The economic crisis hit the capital harder than other regions of the country. In the meanwhile, the situation has improved, and after the pendulum had swung up, and then down, one could almost speak about a return to normalcy. As the spectrum of works collected in this book shows, that pertains not only to the contract situation, but also the construction tasks which have been designed and built by BDA architects from Berlin in the last few years.

In complete contrast to a global and globalized architecture that is ever more focussed on visual stimulation, most of the projects are not looking for the spectacular; the current challenge is much more to make do with a pre-existing inventory. That can mean expansions—in Hamburg, where Bernhard Winking extended Fritz Schumacher's Davidswache with a tower like volume, that refers to the original building but that self-consciously rejects any subservience. Or it can mean alterations in the context of new use: The barracks of the Hussar regiment in Potsdam was transformed by Abelmann Vielain Pock into a cultural centre, while Maedebach, Redeleit & Partner with clever interventions which are recognizable as new elements, converted one floor of a paint factory built around 1900 in Berlin-Neukölln into a day care centre. Sometimes the idea is a contrast between old and new—like HAAS architects employed in their restoration of the large tropical house in the Botanical Garden in Dahlem—, and sometimes it is the mixture of inventory and supplementation. That was the principle behind the integration of the day care dating back to the 1950's in the Griechische Allee in Oberschöneweide into a sculptural-like overall composition, the remodelling and expansion of which was done by Behles & Jochimsen together with Topotek. Also of note are three projects in the exhibition context: The conversion by Anderhalten Architekten of a diesel powered electricity plant originally designed by Werner Issel in Cottbus for the Brandenburg art collections, the conversion of an air raid bunker in Berlin-Mitte by Realarchitektur for the art collection of Christian Boros and Karen Lohmann as well as the sensitively executed expansion of the Lutherhaus Ensemble in Eisleben with a visitors tower done by Springer Architekten. In the border area between art and architecture among others there is Bernd Bess, who transferred the graphic signet of the "Made in Germany" exhibition in the Sprengel Museum in Hannover into the space installation of a lounge, and Christina Mehlhose, whose ground floor design of a residential and commercial building in Auguststraße in Berlin-Mitte works with camouflage, in order with irony and irritation to make the façade more legible.

Some architects devote themselves to the classical subject of apartment building, like Carola Schäfers, Becher + Rottkamp or, like Hoyer Schindele Hirschmüller, with the attempt to realize the qualities of the single family home in the inner city context; others are occupied with public construction tasks like hospitals, schools or research centers. Among them are Deubzer König or Huber Staudt or Stephan Höhne who succeeded with clearly delineated volumes of brick in extending the Friedrichshain hospital.

Among the exceptional works of the newer firms is the institute for the blind that Georg Scheel Wetzel erected in the rural location on the outskirts of Regensburg but also the extension of the 1970's canton school Rychenberg in Winterthur by Jost Haberland; both projects also simultaneously document, that young Berlin architects by no means only voluntarily build their first works frequently outside Berlin, or even outside Germany.

The projects demonstrate a great variety of different styles. While Stephan Höhne with his office building in Georgenstraße or Thomas von Thaden with a town house in Auguststraße try to reactivate a neoclassical tradition, Enno Schneider with the district police headquarters in Mettmann or GKK with the Fanuc Robotics administration in Neuhausen near Stuttgart rely on a modern neo-organic architecture, as has been represented for years by Sauerbruch Hutton. Grüntuch Ernst show a way out of the petrified mediocrity of the development of Leipziger Platz with their office building on Leipziger Straße; they also designed a hotel complex for the Flensburger Förde, which with the archetypical basic form of three gabled houses can be associated with the image of Hanseatic coastal towns, while the perforated bronze skin plays on the materiality of harbour and ships.

No Berlin office shows more clearly than Graft how the profession is reacting to the challenges in the era of globalization: Since the Hotel Q in Berlin, the architects, who owe their popularity with the media not the least to their friendship with Brad Pitt, are among the protagonists of digital design. With branch offices in Los Angeles and Beijing they have become internationalized and are active around the world. Among their projects is a wellness salon and hotel in Beijing, an apartment complex at Unter den Linden, fair stands, but also dentists' offices and commercial facilities.

It is difficult to find something specific and universal within the spectrum of all the works presented. Perhaps it can be found on the level of an attitude: In a post-ideological era, in which the trench warfare of past decades has been overcome, pragmatism seems to have taken over from idealism—that is not only relevant for Berlin and also not only for architecture. Whether that should be considered a loss or a gain, has yet to be decided. On the one hand it may be comforting from the historical experience, if architects no longer step forward with their designs in order to turn the world upside down. On the other hand nothing has filled the gap which relinquishing a vision has left behind. One might say that Berlin has arrived in normality. This normality consists of a juxtaposing of positions, which is not a bad state of affairs for a city which represents a collage; a puzzle, which also in the future will not yield a unified image.

BÜROPORTRÄTS OFFICE PORTRAITS

ABELMANN VIELAIN POCK ARCHITEKTEN – AVP

WERTE ERKENNEN WEITERBAUEN
Unsere Philosophie: Achtung und Bewahrung der architektonischen Konvention als Produkt eines jahrtausendelangen Entwicklungs- und Erfahrungsprozesses sowie zugleich die Notwendigkeit, über die Konvention hinaus Authentisches, Neues zu schaffen als optimale Antwort auf die über das Typologische hinausragende Einzigartigkeit jeder Aufgabe.

RECOGNIZE VALUE AND BUILD ACCORDINGLY
Our philosophy is the deference to and preservation of architectonic conventions as a product of a thousand year process of development and experience and at the same time to realize the necessity to create something authentic and new beyond the convention as the optimal answer to what is unique about each task outside its typology.

GI: Haus 1 Foyerbereiche mit inszeniertem Blick auf die Museumsinsel

ZKS: Treppendetail im neuen Foyer der Aktionshalle

oben: Germanistische Institute (GI): Fassadenabwicklung zum Hegelplatz
unten: Zentrum für Kultur- und Soziokultur (ZKS) in Potsdam: Hofansicht der sanierten und ergänzten ehemaligen Pferdeställe

25 **avp architekten**
Hasenheide 61/II
10967 Berlin
Tel.: 030/611 53 13
Fax: 030/611 90 41
www.abelmann-vielain-pock.de

Walter Vielain
Architekt BDA
1979–1987 Studium
GH Kassel
1987–1988 Mitarbeit bei
Prof. J. G. Gsteu, Wien, Kassel
1989–1994 wissenschaftlicher Mitarbeiter an der HDK Berlin
Seit 1989 gemeinsames Büro mit Renate Abelmann (Büro Abelmann + Vielain)
Seit 2001 Bürogemeinschaft Abelmann Vielain Pock Architekten

Partner:
Prof. Renate Abelmann
Clemens Pock

Arbeitsschwerpunkte
Bauen im Bestand, Sanierung, Ergänzung, Neubau, Denkmalpflege, Innenausbau und Möblierung, Wettbewerbe, Gutachten, Machbarkeitsstudien, Kulturbauten, Hochschulen, Bibliotheken, Verwaltungsbauten, Bürobauten, Gewerbebauten, Schulen, Wohnheime, Kitas, Wohnensembles, Generalplanung für alle Planungsbereiche

Referenzen/Wettbewerbe
GI Germanistische Institute mit Fachbereichsbibliothek der Humboldt-Universität zu Berlin
Gebäudeensemble am Hegelplatz in Mitte mit zwei Neubauten und zwei Bestandsgebäuden (1x Plattenbau, 1x 1900-Bau)

ZKS Integrierter Kulturstandort Schiffbauergasse Potsdam
Die ehemaligen Pferdeställe und Reithallen werden zur Konzerthalle, Fluxus + Museum, Tanzstudios etc.

FH5 Fachhochschule Eberswalde
Umbau und Ausbau der „Neuen Forstakademie" zum modernen Hochschulstandort mit dem Schwerpunkt der Energetischen Sanierung

KW Amtsgericht Königs Wusterhausen
Gebäudeensemble mit einem Neubau und einem Bestandsgebäude

UNI 3b Universitätsgebäude FB Sozialwissenschaften mit Fachbereichsbibliothek der HU Berlin mit Wiederherstellung der bauzeitlichen Kubatur des kriegszerstörten Daches

OSZ M Oberstufenzentrum Mandelstraße, Berlin-Prenzlauer Berg
Umbau, Sanierung, Ausbau zur Berufsschule für Dienstleistungen, mit Neuen Medien und „open learning center" (Ludwig-Hoffmann-Bau)

ORO Kultur- und Veranstaltungszentrum Orangerie Oranienburg
Umnutzung, Sanierung und Ergänzung der Orangerie zu einem multifunktionalen Veranstaltungsgebäude/ Theater

BIB181 Hauptbibliothek Mitte im Brunnenhof, Berlin-Mitte
Bibliothek + Gewerbe-/ Schulungs- und Veranstaltungsflächen und Büros im klassischen Berliner Hofensemble

Bernd Albers

Aufregend und selbstverständlich

Exciting and natural

2007 Townhouse P6

26

2008 ELPRO-Haus

2009 Friedrich Ebert Stiftung

27 **Bernd Albers**
Segitzdamm 2
10969 Berlin
Tel.: 030/615 91 51
Fax: 030/615 92 48
mail@berndalbers-berlin.de
www.berndalbers.com

Bernd Albers
Prof. Dipl.-Ing.
1957 in Coesfeld geboren
1980–1987 Architekturstudium TU Berlin und HdK Berlin
1987 Diplom an der Technischen Universität Berlin
1984–1987 Mitarbeit Architekturbüro Hans Kollhoff Berlin
1987–1994 Lehrtätigkeit ETH Zürich
1988–1993 Architekturbüro in Zürich
seit 1993 Architekturbüro in Berlin
1989 Gastdozent Intern. Sommerakademie Herne
seit 1990 Mitglied der Berliner Architektenkammer
1990 Gastdozent Intern. Sommerakademie Karlsruhe
1995 Gastprofessor 7. Intern. Sommerakademie Neapel
1996–1999 Gastprofessor FH Potsdam
seit 1999 Professor „Entwurf und Baukonstruktion" FH Potsdam
seit 2005 Dekan Fachbereich Architektur und Städtebau

Arbeitsschwerpunkt
Projekte für die Kultivierung des Großstädtischen

Referenzen
1995 Galerie Bob van Orsouw – Zürich
1998 Haus B1 + F2 Wasserstadt Spandau
2004 BMW+Mini-Autohaus – Riller & Schnauck
2004 Marriott-Hotel Berlin
2005 Nahversorgungszentrum Neucölln-Carree
2007 Möbelhaus Sachsendamm
2007 Townhouse P.6 – Friedrichswerder
2008 Elpro-Haus – Friedrichswerder Städtebau
1994–1996 Masterplan Biesdorf-Süd Berlin
1996–1999 Planwerk Innenstadt Berlin
1999 Masterplan Flughafen Tempelhof
2001–2003 Masterplan Townhouse-Quartier Berlin
2007 Masterplan Europäisches Energieforum Berlin

Wettbewerbe (Auswahl)
2008 Erweiterung Hauptverwaltung BSR – Berlin, 1. Preis

2005
Erweiterung Friedrich-Ebert-Stiftung – Berlin, 1. Preis

2004
Wohn- und Geschäftshaus der Elpro-Gruppe – Berlin, 2. Preis

2000
Beisheim-Center / Potsdamer Platz – Berlin, 2. Preis

1996
Landeszentralbank Thüringen – Chemnitz, 2. Preis
S-Bahnhof Teltow-Stadt – Teltow, 1. Preis
Stuttgarter Platz – Berlin, 1. Preis

1994
Investitionsbank Berlin, 2. Preis
Städtebauliches Entwicklungsgebiet Biesdorf-Süd – Berlin, 1. Preis

1993
Wohn- und Gewerbeblock Rotaprint – Berlin, 2. Preis
Schöneberger Kreuz – Berlin, 1. Preisgruppe

1992
Stadtteil Pulvermühle – Berlin-Spandau, 2. Preis

1991
Bahnhof Gesundbrunnen – Berlin, 2. Preis

1988
Königstraße und Königsplatz – Kassel, 2. Preis

Anderhalten Architekten

Anderhalten Architekten haben auf dem Gebiet der Integration von Bauten in denkmalgeschützten Bestand besondere Kenntnisse erworben. Eine Reihe niveauvoller Bauaufgaben dokumentieren unseren Anspruch, eine Synthese zwischen Alt und Neu zu schaffen und den Dialog zwischen Tradition und Hightech herzustellen.

Anderhalten Architekten has acquired special experience and knowledge in the area of integration of buildings in listed existing structures. A series of challenging projects document our goal to create a synthesis between old and new and a dialogue between tradition and high-tech.

Kunstmuseum Dieselkraftwerk Cottbus: Außenansicht, Ausstellungsbereich

Hochschule für Kunst und Design, Burg Giebichenstein, Halle: Fassadenansicht

Technische Fachhochschule Wildau, Hörsaal Halle 14

29 **Anderhalten Architekten**
Köpenicker Straße 48/49
10179 Berlin
Tel.: 030/27 89 44 0
Fax: 030/27 89 44 11
architekten@anderhalten.com
www.anderhalten.com

Prof.-Dipl.-Ing. Claus Anderhalten, Architekt BDA
1962 geboren in Köln
1985–1990 Architekturstudium an der RWTH Aachen
1993 Bürogründung Anderhalten Architekten
1998–1999 Lehrauftrag an der TU Berlin
1998–2000 Lehrauftrag an der TFH Berlin
2006 Bürogründung Anderhalten Schwabe Generalplanung Gesellschaft von Architekten mbH
2006–2008 Vertretungs-Professur an der Universität Siegen

Dipl.-Ing. Hubertus Schwabe, Architekt BDA
1958 geboren in Lübeck
1987–1994 Architekturstudium an der TU Berlin
1994–1998 Mitarbeit Büro Abelmann und Vielain
1998–2001 Mitarbeit Büro Anderhalten Architekten
2001 Partner Büro Anderhalten Architekten
2006 Bürogründung Anderhalten Schwabe Generalplanung Gesellschaft von Architekten mbH

Dipl.-Ing. Petra Vondenhof-Anderhalten, Architektin BDA
1965 geboren in Aachen
1984–1991 Architekturstudium an der RWTH Aachen
1991 Mitarbeit Büro Bothe, Richter, Teherani
1991–1992 Mitarbeit Büro Baumann + Schnittger Architekten
1992–1993 Mitarbeit Büro Léon & Wohlhage Architekten
1993 Bürogründung Anderhalten Architekten
1993–2000 Wissenschaftliche Mitarbeit an der TU Berlin

Arbeitsschwerpunkte
Kultur- und Hochschulbauten, vor allem im denkmalgeschützten Bestand

Referenzen (Auswahl)
2009 Bundesministerium für Ernährung, Landwirtschaft und Verbraucherschutz, Berlin
2008 Kunstmuseum Dieselkraftwerk Cottbus
2007 Doppelsporthalle für den Schul- und Vereinssport, Ruppiner Straße, Berlin
2007 Technische Fachhochschule Wildau
2007 Hochschule für Kunst und Design, Burg Giebichenstein, Halle
2005 Hochschule für Musik „Hanns Eisler", Berlin
2002 Berlin-Brandenburgische Akademie der Wissenschaften, Berlin
1999 Deutsch-Polnisches Begegnungszentrum, Schloss Criewen
1995 Deutsches Architektur Zentrum (DAZ), Berlin

Wettbewerbserfolge
2008
Neubau Zentrum für Psychiatrie, Friedrichshafen, 2. Preis

2007
Sporthalle Schulkomplex Schwanebeck, 1. Preis

2006
Johann-Joseph-Fux-Konservatorium, Graz, 1. Preis
Schule und Besucherzentrum BND, Berlin, 4. Preis

2005
Nutzungskonzept Engeldamm 70, Berlin, 1. Rang

2004
Landschafts- und Gartenbauzentrum, Großbeeren, 1. Rang

2003
Neubau Bergarchiv Freiberg, Sachsen, 1. Preis

AHM Arnke Häntsch Mattmüller Architekten

Unsere Architektur ist Ergebnis präziser funktionaler, konstruktiver und wirtschaftlicher Überlegungen. Sie zeichnet sich durch Klarheit und Beständigkeit aus. Zeitgemäßer, leistungsgerechter Material- und Konstruktionseinsatz prägen das Erscheinungsbild.

Our architecture is the result of precise functional, construction related and economical considerations. It is distinguished by clarity and permanence. In appearance it is characterized by contemporary materials and construction techniques that are matched to the task.

Forum am Hansaplatz, Mehrzweckhalle in Friesoythe:
Veranstaltungssaal mit geöffneter Trennwand zum Foyer und Blickbezug zum Hansaplatz

Kleinbühne mit Portalwand aus Sichtbeton

Foyer und Cafeteria bilden einen Betonrahmen mit eingeschriebener Glasfassade

31 **Arnke Häntsch Mattmüller Architekten BDA**
Kluckstraße 8
10785 Berlin
Tel.: 030/612 20 62
Fax: 030/618 70 93
office@ahm-architekten.de
www.ahm-architekten.de

Prof. Peter L. Arnke, Dipl.-Ing. Architekt BDA
1956 geboren in Cloppenburg i. O.
1975–1977 Hochschule für Technik, Bremen
1977–1985 Hochschule der Künste, Berlin
Seit 1986 AK Berlin
Seit 1994 BDA Berlin
1987–2008 Arnke und Häntsch Architekten, Berlin/ AH Architekten
Seit 2008 Arnke Häntsch Mattmüller Gesellschaft von Architekten mbH, Berlin
Seit 1996 Professur an der Technischen Fachhochschule Berlin
Seit 2007 Gebäudeenergieberater

Partner:
Univ. Prof. Brigitte Häntsch, Dipl.-Ing. Architektin,
Rolf Mattmüller, Dipl.-Ing. Architekt

Arbeitsschwerpunkte
Bereiche des öffentlichen Bedarfs, wie Bäder, Sport und Freizeit, Kultur, Bildung, Verwaltung

Referenzen (Auswahl)
2007 Gymnasium, Ramsloh (D)

2007 Gedenkraum „Spuren in Walbeck" in der Kirche St. Michael, Walbeck (D)

2006 Ausstellungsarchitektur „Der Kardinal Albrecht von Brandenburg" in der Moritzburg, Halle (D)

2005 Mehrzweckhalle und Cafeteria „Forum am Hansaplatz", Friesoythe (D)

2002 Amtsgericht Brandenburg a. d. Havel (D)

2001 Hallen- und Freibad „Geibeltbad", Pirna (D)

1999 Rathaus Vechta (D)

1999 Stadtbad Schöneberg, Berlin (D)

Wettbewerbserfolge (Auswahl)
2007
Zürich-Schule in Berlin-Neukölln, Ankauf
Pückler-Gymnasium in Cottbus, Ankauf
Stadtbad Gotha, 2. Preis
Hallenbad in Oberursel, Taunus, Ankauf

2006
Gymnasium in Ramsloh, Saterland, 1. Preis

2004
Freibad in Naumburg, Hessen, 3. Preis

2003
Mehrzweck- und Pausenhalle in Friesoythe, 1. Preis
Spreewaldtherme in Burg, 2. Rang

1997
„Geibeltbad" Pirna, 1. Rang

1996
Amtsgericht in Brandenburg, 1. Preis

1992
Bildungszentrum Otto-Hahn-Oberschule in Berlin-Neukölln, 2. Preis
Landschaftsbibliothek in Aurich, 1. Preis
Gymnasium, Sportgebäude und Freianlagen in Magdeburg, 2. Preis
Stadtbad Schöneberg in Berlin, 1. Preis
Jugendherberge an der Thülsfelder Talsperre, Landkreis Cloppenburg, 2. Preis

1991
Hotel und Restaurant am Griebnitzsee in Potsdam, 1. Preis
Rathaus in Vechta, 1. Preis
Marktplatzbereich und Rathaus Bad Zwischenahn, 1. Preis

Autzen & Reimers Architekten

Die Erhaltung bestehender baulicher Anlagen als Zeugnisse der Geschichte ist eine der herausragenden Aufgaben kultureller Tätigkeiten der Gesellschaft. Es ist der Sinn unserer Arbeit, durch Schaffung zeitgemäßer Weiternutzungsmöglichkeiten von Gebäuden und Stadträumen Erinnerungsvermögen zu generieren und so zukünftige Orientierungen zu gewährleisten.

The maintenance of existing building complexes as chronicles of history is one of the pre-eminent tasks of the cultural activities of society. The gist of our work is to generate a depository of memory by creating possibilities for contemporary extensions of use of buildings and urban spaces, thereby guaranteeing orientations for the future

Rathaus Lübz, 2008

Studentendorf Schlachtensee, Haus 8, 2008

Rathaus Lübz, Hoffassade, 2008

Rathaus Malchow, 2008

33 **AUTZEN & REIMERS ARCHITEKTEN**
Hufelandstraße 22
10407 Berlin
Tel.: 030/421 10 61
Fax: 030/421 10 64
architekten@autzen-reimers.de
www.autzen-reimers.de

Rainer Autzen, Architekt BDA, geboren 1948 in Itzehoe, Zimmererlehre, Studium und Diplom 1974, Promotion 1978. Tätigkeit in verschiedenen Architekturbüros, Mitarbeit beim Senator für Bau- und Wohnungswesen Berlin 1978–1979, Lehrauftrag am Fachbereich Architektur der Technischen Universität Berlin 1978–1981, wissenschaftlicher Mitarbeiter am Deutschen Institut für Urbanistik – Difu 1979–1989, zahlreiche Veröffentlichungen (Bücher und Aufsätze), Architekt und Stadtplaner. Seit 1989 Autzen & Reimers Architekten und Stadtplaner.

Bernd Reimers, Architekt BDA, geboren 1949 in Neumünster, Zimmererlehre, Studium und Diplom 1977. Büro seit 1978 zusammen mit Rainer Autzen (bis 1982) und Helmut Ferdinand. Seit 1989 Autzen & Reimers Architekten und Stadtplaner.

Arbeitsschwerpunkte
Büro- und Geschäftshäuser, Wohnbauten, Bauten für Kultur, Umgang mit denkmalgeschützter Bausubstanz, in Verbindung mit Neu-, Um- oder Erweiterungsbauten

Referenzen (Auswahl)
2006–2008 Rathaus Malchow (Meckl.): Fachwerkgebäude und ehemaliges Amtsgericht werden mit einem Verbindungsgang miteinander verbunden, Alter Markt 1, Malchow

1999–2008 Umnutzung des Klosters Malchow für Ausstellungen, Kulturzentrum Kloster Malchow

2004–2008 Denkmalgerechte Sanierung und Umnutzung für das Bauhausarchiv Berlin: ehemaliges Wasch- und Heizhaus in der Wohnstadt Carl Legien, Sodtkestraße 10, Berlin

1994–1996 Büro-, Geschäfts- und Wohnhaus, Uhlandstraße 88–90/ Fechnerstraße 12, Berlin

1993–1997 Erneuerung, Umbau und Restaurierung eines repräsentativen Geschäftshauses, Hausvogteiplatz 3–4, Berlin

1993–1995 Büro-, Geschäfts- und Wohnhaus, Bismarckstraße 72/Fritschestraße 61–63, Berlin

1992–1996 Erneuerung und Restaurierung eines Häuserblocks für unterschiedliche Nutzungen, Demianiplatz 8–10/Am Museum 2, Görlitz

1992–1995 Büro- und Geschäftshaus, Einemstraße 11/Kurfürstenstraße 130, Berlin

1991–1994 Wiederaufbau/ Neubau des ausgebrannten Geschäftshauses Kurfürstendamm 185, Berlin

Wettbewerbserfolge (Auswahl)
2005
Grundschule am Schlossplatz, Bötzow (Meckl.), 3. Preis

2002
Kindertagesstätte, Berlin, 1. Preis

2001
Theologische Fakultät der Humboldt-Universität Berlin, 2. Preis

Becher + Rottkamp

Architektur wird für einen konkreten Ort gebaut und zur Erfüllung funktionaler Zusammenhänge entworfen. Sie ist existent, wenn sie umfassend nutzbar ist und mit den für uns gewohnten Bildern vergleichbar erscheint. Es entstehen „künstliche" dreidimensionale Objekte, die in ihrer Form, Konstruktion und Funktion übergreifend miteinander verbunden werden müssen, um ein Ganzes zu bilden.

Architecture is built for a specific location and designed to perform functional interrelations. It enjoys existence if it is comprehensively useful and comparable for us with the accustomed images. "Artificial", three-dimensional objects emerge, which in their form, construction and function must be connected overall with each other, in order to form a whole.

Einkaufszentrum „Der Clou", Berlin-Reinickendorf

Einfamilienhaus Spanische Allee, Berlin-Zehlendorf

35 **Becher Rottkamp Generalplanung Gesellschaft von Architekten mbH**

Lietzenburger Straße 51
10789 Berlin
Tel.: 030/695 92 40
Fax: 030/695 92 422
mail@becher-rottkamp.de
www.becher-rottkamp.de

Andreas Becher
Geboren 1960
1983–1988 Universität GH Paderborn, Abteilung Höxter
1988 Diplom
1989–1991 Virginia Tech, USA
1991 Master of Architecture
1991–1993 Technischer Leiter Geschäftsstelle Berlin DIL
1993 Bürogründung Becher + Rottkamp Architekten
1996 Mitglied BDA
2002 Outstanding Young Alumnus Award der Virginia Tech (Herausragender Jungabsolvent der Virginia Tech 2001–2002)
2005 Gründung Becher Rottkamp Generalplanung Gesellschaft von Architekten mbH

Elmar Rottkamp
Geboren 1963
1982–1987 Universität GH Paderborn, Abteilung Höxter
1987 Diplom
1990–1993 Projektpartner im Büro Prof. Jörg Friedrich, Hamburg
1993 Bürogründung Becher + Rottkamp Architekten
1996 Mitglied BDA
2005 Gründung Becher Rottkamp Generalplanung Gesellschaft von Architekten mbH
2007 Master of Business Administration

Arbeitsschwerpunkte
Architektur, Städtebau, Baumanagement, Beratungsleistungen. Sämtliche Architektenleistungen von der Grundlagenermittlung über Planung und Bauleitung bis hin zur Objektbetreuung.

Erfolgreiche Umsetzung verschiedenster Gebäudetypologien in den Bereichen Wohnungsbau, öffentliche Bauten, Gewerbe- und Industriebauten, Bauten für die Forschung und Lehre sowie im Bereich der Sanierung und Modernisierung

Referenzen
Fachhochschule Potsdam, Labor- und Werkstattgebäude

Fachhochschule Potsdam, Zentralgebäude

Erweiterung und Modernisierung Einkaufszentrum „Der Clou", Berlin

Umbau/Sanierung Leipziger Straße, Berlin

Umbau Einkaufszentrum „Cite Foch"

Atelierhäuser Königsweg, Berlin-Zehlendorf und diverse Einfamilienhäuser und Villen

Schwedter Straße: Neubau einer Wohnanlage und diverse Wohnungsbauprojekte

Wettbewerbserfolge
2004
Spielbudenplatz Hamburg, Engere Wahl

2001
Nietzsche-Dokumentationszentrum, 2. Preis

2000
Hafen-Campus Hamburg, 3. Preis

1999
Leipziger Platz Berlin, 2. Preis

1997
Fachhochschule Potsdam, 1. Preis

Eike Becker_Architekten

"Fragt man die großen privaten Bauherren in der Stadt, wen sie mit der Gestaltung ihrer millionenschweren Projekte beauftragen, fällt vor allem ein Name: Eike Becker_Architekten. Das Büro plant aktuell in Berlin ‚The Garden', ein Ensemble aus 12 Wohnhäusern, einem Hotel und einem Bürogebäude – die Wohn-, Hotel-, und Büroanlage ‚Am Zirkus 1' an der Weidendammbrücke in Mitte oder einen Komplex aus Wohnungen, Lofts und Townhouses an der Württembergischen Straße in Wilmersdorf. Dazu kommt ein Büro-Hochhaus in Friedrichshain, ein Hotel für die Uhlandstraße am Kurfürstendamm sowie ein Kaufhaus für die Steglitzer Schlossstraße." Isabell Jürgens, *Welt am Sonntag*, 27.01.2008

"If one asks the large builders in the city, to whom do they entrust the design of their multi-million Euro projects, one name keeps recurring: Eike Becker_Architekten. In Berlin, the firm is currently planning 'The Garden' – an ensemble consisting of 12 residential buildings, a hotel and an office building, the residence, hotel, and office complex 'Am Zirkus 1' at Weidendammbrücke in Mitte or a complex of apartments, lofts and townhouses in Württembergische Straße in Wilmersdorf. In addition there is an office high-rise in Friedrichshain, a hotel for the Uhlandstraße at Kurfürstendamm and a department store for the Schlossstraße in Steglitz." Isabell Jürgens, *Welt am Sonntag*, 27.01.2008

Hauptverwaltung der Stadtwerke Neuss. Fertigstellung 2007

Am Zirkus 1, Berlin. Fertigstellung 2010

Schlossstraße 20, Berlin. Fertigstellung 2009

37

Eike Becker_Architekten
Charlottenstraße 4
10969 Berlin
Tel.: 030/259 37 40
Fax: 030/259 37 411
info@eb-a.de
www.eb-a.de

Eike Becker, Dipl.-Ing.
Architekt BDA RIBA
1962 geboren, studierte Architektur in Aachen, Paris und Stuttgart, arbeitete bei Norman Foster und Richard Rogers, ab 1991 Becker Gewers Kühn & Kühn Architekten, seit 1999 Eike Becker_Architekten

Partner:
Helge Schmidt,
Dipl.-Ing. Architekt

Arbeitsschwerpunkte
Verwaltungsbau
Wohnungsbau
Verkehrsbauwerke
Hotels
Innenarchitektur

Preise
2007
Office Application Award
2007 Best Office Concept

2006
Goldene Skulptur des iF product design award 2006

2004
red dot design award

2002
Auszeichnung
Innovationspreis Architektur und Office

2001
RIBA Award for Architecture des Royal Institute of British Architects

1998
Balthasar-Neumann-Preis, Anerkennung

1998
Silbermedaille der Werner-von-Siemens-Ring-Stiftung

1998
DEUBAU Preis

Wettbewerbe
2008 1. Preis The Garden, Berlin
2008 2. Preis Neubau Medienhaus des Schwäbischen Verlages
2008 3. Preis Hotel am Olympiapark, München
2007 1. Preis Die Württemberger, Berlin
2007 2. Preis Neubau Bürogebäude Ministerium der Finanzen des Landes Brandenburg
2006 1. Preis Am Zirkus 1, Berlin
2005 1. Preis Fehrbelliner, Berlin
2004 1. Preis Schlossstraße 20, Berlin
2004 1. Preis Fortune Plaza Chongqing, China
2003 1. Preis Hauptstadtrepräsentanz Boeing

Ausstellungen
2007
archidocuments - KAZimKUBA
parallel zur documenta 12, Kassel

2006
Visions of Corian
Stuttgart, Hamburg, München, Frankfurt

Forever Young, Galerie der Architekten
Fotoausstellung, Hamburg und München

Architektur Neues Stuttgart, Stuttgart
BDA Baden-Württemberg

2005
da! Architektur in und aus Berlin, Ausstellung der Architektenkammer Berlin

10 unter 1000
BDA Galerie, Berlin

„Makro-Architektur: Die architektonische Oberfläche" auf der BAU

Neue Messe München

2003
Architekturpreis, Berlin
Friedrich-Carré, Friedrichstr. 148

Behles & Jochimsen

Uns interessiert eine Architektur, die körperlich erfahren und kulturell verstanden wird. Neben die Wahrnehmung eines in sich schlüssigen Konstrukts tritt ein nachvollziehbares Verhältnis zur Stadt. Unter Stadt verstehen wir eine Gesellschaft von Häusern, die fähig sind zum Dialog untereinander, aber auch für sich stehen können.

We are interested in architecture that can be physically experienced and culturally understood. Beyond the perception of a self-contained construction is a meaningful relationship to the city. Here, a "city" means a community of buildings that are capable of dialogue with each other but can also stand alone.

Kindertagesstätte Griechische Allee, Berlin-Oberschöneweide, 2003–2007

Casa Skuppin, Castell'Umberto, Sizilien, 2003–2005

39 **Behles & Jochimsen**
Nürnberger Straße 8
10787 Berlin
Tel.: 030/325 94 83 60
Fax: 030/325 94 83 80
eingang@behlesjochimsen.de
www.behlesjochimsen.de

Armin Behles
1966 geboren in München
1985–1992
Architekturstudium
TU Berlin und ETH Zürich
1987–1994 Mitarbeit in den Büros Brenner+Tonon, Berlin, Prof. Kollhoff, Berlin, Prof. Steidle, München, Prof. Albers, Zürich/Berlin
1994–1999 Wissenschaftlicher Mitarbeiter an der HdK Berlin
2004–2005 Gastprofessur an der HfbK Hamburg

Jasper Jochimsen
1964 geboren in Freiburg
1984–1992
Architekturstudium
TU Berlin und University of Miami
1989–1990 Mitarbeit im Büro Müller Reimann Scholz, Berlin
1990–1999 Mitarbeit im Büro Prof. Kollhoff, Berlin
Wettbewerb Alexanderplatz, 1. Platz
Projektleiter für das DaimlerChrysler-Hochhaus am Potsdamer Platz 1, Berlin
2000–2006
Wissenschaftlicher Mitarbeiter und Lehrstuhlvertretung an der UdK Berlin
2006 Gastprofessur an der Chinesisch-Deutschen Kunstakademie in Hangzhou/China

Referenzen (Auswahl)
Mehrfamilienhaus, Freiburg-Wiehere, in Planung seit 2008

Biomedizinisches Forschungszentrum der Universität Gießen, im Bau

ClassicLoft xs, Umbau einer Wohnung im Haus des Kindes, Berlin, 2005–2006

Kindergarten, Griechische Allee, Berlin-Oberschöneweide, 2003–2006

Casa Skuppin, Castell'Umberto, Sizilien, 2003–2005

Türdrückerserie 1097 für FSB Franz Schneider Brakel GmbH, 2003–2005

Mieterausbauten, DaimlerChrysler-Hochhaus, Potsdamer Platz, Berlin, 2000–2007

Haus See-Eck, Umbau, Berlin, 2002–2003

Wettbewerbe (Auswahl)
2008
Deutscher Fassadenpreis für Kindertagesstätte Griechische Allee

2003
Biomedizinisches Forschungszentrum der Universität Gießen, 1. Rang
Kindertagesstätte, Griechische Allee, Berlin-Oberschöneweide, 1. Rang

2001
Sportinternat der Flatow-Oberschule, Berlin, 1. Rang
Nördliches Umfeld der Messe Berlin, 1. Rang

2000
Kindertagesstätte, Jerusalemer Straße, Berlin, 2. Preis
Sankt-Jakobs-Platz, München, ein 1. Preis

Bernd Bess

Die Ambivalenz von Ideenwelt und Dingwelt ist für unsere Vorstellung von Architektur ein zentraler Gedanke. Architektur hat neben der physischen Präsenz eine geistige konzeptuelle Ebene; beide Ebenen bedingen sich gegenseitig und sind untrennbar verbunden. Phänomene aus der realen Welt bilden dabei den Fundus für architektonische Szenarien.

The ambivalence between the world of ideas and the world of things is a central preoccupation for our architecture. In addition to its physical presence, architecture has an intellectual conceptual level; both levels are interdependent and inseparably bound. Phenomena from the real world thereby comprise a warehouse for architectonic scenarios.

Ausstellungsgestaltung, Kronprinzenpalais Berlin, 2006

Museums-Lounge, Sprengelmuseum Hannover, 2007

Kunstpavillon Kraichtal, 2004

Kunsthalle Bremen, 2005

41 **Bernd Bess Architekten**
Ackerstraße 162
10115 Berlin
Tel.: 030/23 45 68 30
Fax: 030/23 45 68 26
info@berndbess.de
www.berndbess.de

Bernd Bess
1966 geboren in Aalen
1986–1993 Architekturstudium Universität Stuttgart und ETH Zürich, Diplom
1991 Büro Prof. Miroslav Sik, Zürich
1994–1998 Büro Prof. Hans Kollhoff, Berlin
1999 wissenschaftlicher Mitarbeiter und Lehrauftrag TU Berlin
Seit 2002 Bernd Bess Architekten, Berlin

Arbeitsschwerpunkt
Kunst- und Kulturbauten
Ausstellungsarchitektur
Urbane Architektur

Preise/Auszeichnungen (Auswahl)
2006
Stipendium Villa Massimo, Rom
Nominierung Hugo Häring Preis

2005
Auszeichnung Guter Bauten, BDA Baden-Württemberg

Referenzen (Auswahl)
2008 –2009 „German Room" bei der UN-Organsiation IFAD, Rom

2008–2009 Kunsthalle im Park, Kraichtal

2007 Museumslounge, Sprengel Museum Hannover

2006–2008 Haus Sasano, Wohnhaus, Schladming

2007–09 Installation DHI Deutsches Historisches Institut, Rom

2006 Ausstellungsarchitektur „Wien Products" im Museum für Angewandte Kunst Wien

2005 Kunsthalle Bremen, Wettbewerb

2004 Kunstpavillon Kraichtal

2003 Klara Wallner Galerie, Um- und Ausbau, Berlin

2003–2005 Sommerpavillon, Kraichtal

2003–2005 Urban Archipelago, Jelenia Gora PL, Städtebauliche Überplanung eines ehemaligen Militärgeländes, 1. Preis, mit Gruppa Plan 6

Ausstellungen (Auswahl)
2008 About Making Architecture, Berlin

2008 Architekturmuseum Helsinki

2007 Altana Kulturstiftung Bad Homburg

2007 Deutscher Werkbund Berlin

2006 Villa Massimo Rom, „Car Park"

2006
Progettocontemporaneo, Ceggia/Venezia

2006 Architekturfestival Moskau

2006 Kunsthalle Mannheim, „Hugo-Häring-Preis"

2005 DAZ, Berlin „Emerging Identities East"

2005 Galerie suitcasearchitecture Berlin, „Reflector"

2005 ZKM Karlsruhe, „Auszeichnung Guter Bauten"

Klaus Block

„Jede Form ist das Momentbild eines Prozesses. Also ist das Werk Haltestelle des Werdens und nicht erstarrtes Ziel." (Frei nach El Lissitzky)

"Every form is the snapshot of a process. The finished work is thus a station in a journey, not the petrified goal." (Paraphrase, El Lissitzky)

Gemeindezentrum Großziethen

Gemeindezentrum Großziethen

43 **Klaus Block, Dipl.-Ing.**
Architekt BDA
Sieglindestraße 5
12159 Berlin
Tel.: +49 30 85 96 30 51
Fax: +49 30 85 96 30 52
office@klausblock.de
www.klausblock.de

1952 geboren in Berlin
1974–1979
Architekturstudium an der Technischen Universität Berlin
Seit 1988 eigenes Architekturbüro
Seit 2006 Gastprofessur an der TU Berlin im Fach Baukonstruktion und Entwerfen

Bearbeitung aller Leistungsphasen
Wettbewerbe
Gutachten
Neubauten
Um- und Erweiterungsbauten
Denkmalpflege
Lehre

Auszeichnungen
2008 BDA Preis – Architektur in Brandenburg 2008
2005 Ferdinand-von-Quast-Medaille
2004 Gestaltungspreis der Wüstenrot Stiftung
2003 Brandenburgischer Architekturpreis
2000 Balthasar-Neumann-Preis
1999 Brandenburgischer Architekturpreis
1998 Gestaltungspreis der Wüstenrot Stiftung

Bauten
2004–2007
Gemeindezentrum Großziethen
2005 Tanzhalle Prenzlauer Berg
2003 MACHmit!Museum für Kinder im Prenzlauer Berg
1998 Gemeindezentrum Nauen
1997 Bibliothek und Gemeindezentrum in der St.-Marien-Kirche Müncheberg
1991–2008 Kirche und Konzertsaal St.-Elisabeth-Kirche (1835 K. F. Schinkel) in Berlin-Mitte

Beiträge für Ausstellungen
2008 da! – Architektur in Berlin
2006 Biennale Venedig – 10. Mostra Internazionale di Architettura
2005 ZeitSchichten – 100 Jahre Dehio – Residenzschloss Dresden
2002 Fassadenpflastern – UIA Kongress, space – time – architecture
2000 4:3 – 50 Jahre italienisches und deutsches Design, Bundeskunsthalle Bonn
1990 „Imitationen, Nachahmung und Modell: von der Lust am Falschen" – Museum für Gestaltung Zürich
1989 „Nagoya" – Weltausstellung des Designs, Nagoya, Japan

Wettbewerbserfolge
2008
Gedenkstätte Hohenschönhausen, 2. Preis

2003
Evangelisches Gemeindezentrum Martin Luther King, 1. Preis

2002
Gemeindezentrum Großziethen, 1. Preis

2001
Humboldt-Universität Berlin, Umbau der Theologischen Fakultät, 3. Preis

2000
Sporthalle zur Max-Taut-Schule in Berlin-Lichtenberg, 2. Preis

mbup – Michael Braum und Partner

mbup arbeitet interdisziplinär. Unsere Arbeitsweise ist durch einen kooperativen Ansatz geprägt, in dem der Wunsch besteht, verschiedene Interessen aufeinander abzustimmen, ohne den „Kern" des Konzeptes aufzugeben. So werden Planungen als Diskurse autonomer Partner verstanden und entsprechend moderiert.

mbup works interdisciplinarily. Our method of work is marked by a cooperative approach, which expresses the wish to coordinate different interests with each other, without relinquishing the "core" of the concept. Planning is thereby understood as the discourse of autonomous partners moderated accordingly.

planWerk Hannover, 2007

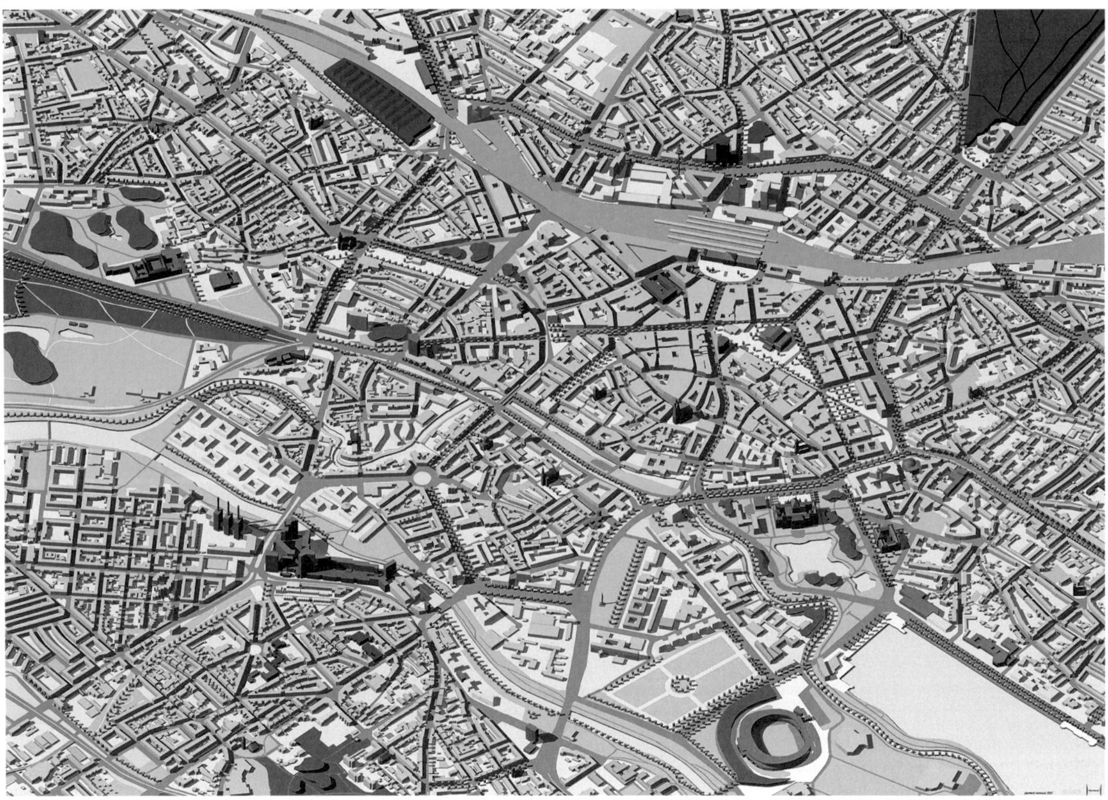

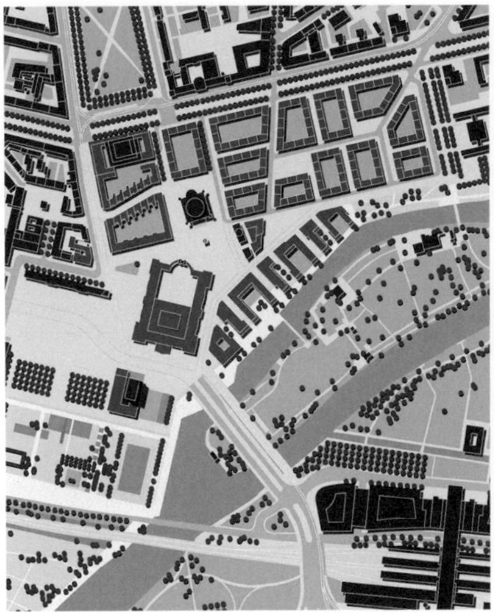

Planungswerkstatt Potsdam Mitte 2006

Wettbewerb „Wohnen am Strom" 2007 mit LéonWohlhageWernik und Reichwald Schultz Architekten sowie Lützow 7, 1. Preis

45 **Michael Braum und Partner StadtArchitekturLandschaft**

Kreuzbergstraße 30
10965 Berlin
Tel.: 030/850 70 57 20
Fax: 030/850 70 57 10
info@mbup.de

Michael Braum
Stadtplaner und Städtebauer
Prof. Dipl.-Ing., BDA, DASL, SRL, Mitglied der Architektenkammer Berlin

1953 geboren in Bad Homburg v.d.H.
1980 Diplom Technische Universität Berlin
1979 bis 1996 Freie Planungsgruppe Berlin, seit 1990 Gesellschafter
1984 bis 1988 Wissenschaftlicher Mitarbeiter Technische Universität Berlin
1996 Bürogründung Conradi, Braum & Bockhorst, Stadtplaner und Architekten
1998 Professor für Stadt- und Raumentwicklung am Institut für Entwerfen und Städtebau der Fakultät für Architektur und Landschaft der Leibniz Universität Hannover
2006 Bürogründung mbup StadtArchitekturLandschaft mit Christiane Axer
seit 2008 Vorstandsvorsitzender der Bundesstiftung Baukultur

Büropartnerschaft mit:
Christiane Axer
Architektur und Städtebau
Dipl.-Ing. Architektur

Arbeitsschwerpunkte
Das Büro ist ein Zusammenschluss von Stadtplanern, Städtebauern, Architekten und Landschaftsarchitekten. Projektbezogen werden Kooperationen mit Stadtökonomen, Verkehrsplanern und Planungsjuristen eingegangen. Aufgrund der mehr als 25-jährigen berufspraktischen Erfahrungen einzelner Mitglieder bestehen gewachsene und bewährte Netzwerke.

Ausgewählte Referenzen
Städtebau
2008 Köniz (CH): WB Städtebauliches Konzept Ried

2007 Köln: WB „:rhein – Wohnen am Strom" 1. Preis (mit LéonWohlhageWernik, Reichwald Schultz Architekten und Lützow 7)

2007 Potsdam: Städtebauliche Konzepte „Am Schragen"

2006 Potsdam: Kooperatives Gutachterverfahren zur Neugestaltung der Potsdamer Mitte (mit LéonWohlhageWernik, Lützow 7 und GRI)

Stadtentwicklung
2008 Berlin: Ideenwerkstatt Tempelhofer Feld, Konzepte und Strategien zur Nachnutzung des Flughafengeländes (mit Studio UC und raumlabor)

2007 Hannover: planWerk „Hannoverplus10"

2006 Heidelberg: Städtebauliche Studien zur Konversion militärischer Liegenschaften

2005 Salzburg: Städtebauliches Gestaltkonzept

2005 Leipzig: Planwerk

2004 Berlin: Planwerk Westraum, Ziele, Strategien und Leitbild

Planungsverfahren/Moderationen
2004 planwerk_olympia Vorbereitung und Durchführung internationaler Fachforen im Rahmen der Olympiabewerbung der Stadt Leipzig

2001 Städtebaulicher Realisierungswettbewerb Belval-Ouest, Luxemburg Vorbereitung, Durchführung und Moderation des Verfahrens

WINFRIED BRENNE ARCHITEKTEN

Baukultur und Nachhaltigkeit sollten Leitfaden und Zielstellung für das Bauen im Bestand sein, das heißt: Umnutzung vor Neubau. Die Wahrung vorhandener Gestaltqualitäten vor allem im Denkmalbereich erfordert intelligente, innovative Gebäudekonzepte und eröffnet gleichzeitig neue Spielräume für die Architektur.

Building culture and sustainability should be the connecting thread and central aim for building in standing structures: renovation before building from scratch. Preserving pre-existing architectural qualities, particulary as applied to listed buildings, demands intelligent and innovative concepts, and can open up new vistas for architecture.

Ehemalige Bundesschule des ADGB in Bernau, Wiederherstellung und Umbau zum Internat des Bildungszentrums der Handwerkskammer Berlin, 2002–2006 BRENNE Gesellschaft von Architekten mbH mit Winfried Brenne und Franz Jaschke
Speisesaal, 2006

Ehemalige Bundesschule des ADGB in Bernau, Glasgang zu den Wohngebäuden, 2006

Ehemalige Bundesschule des ADGB in Bernau, Schulflügel, 2006

47

Winfried Brenne Architekten
Rheinstraße 45
12161 Berlin
Tel.: 030/859 079 0
Fax: 030/859 079 55;
030/859 40 63
mail@brenne-architekten.de
www.brenne-architekten.de

Winfried Brenne, Dipl.-Ing. Architekt BDA/DWB
Jahrgang 1942,
Studium der Architektur in Wuppertal und Abschluss an der TU Berlin
1978 Bürogemeinschaft in Berlin als Architekturwerkstatt Pitz-Brenne
1990–1992 Lehrauftrag an der TFH Berlin (Architektur)

Seit 1990 eigenes Büro
2002 Brenne Gesellschaft von Architekten mbH mit Franz Jaschke

Arbeitsschwerpunkte
Ökologisches Bauen, Bauen im Bestand, Umgang mit denkmalgeschützten Gebäuden, Revitalisierung von Konversionsflächen

Mitgliedschaften
Akademie der Künste Berlin, ICOMOS Deutsches Nationalkomitee, docomomo Deutschland e.V., bis 2002 Vorstand Stiftung Denkmalschutz Berlin, bis 1999 Landesdenkmalrat Berlin und Sanierungsbeirat Bauhaus Dessau

Referenzen
Ökologisches Modellprojekt Heinrich-Böll-Siedlung, Berlin-Pankow

Meisterhaus Muche-Schlemmer, Dessau

Zeughaus/Deutsches Historisches Museum, Berlin-Mitte

Thalia-Schule, Berlin-Friedrichshain

ehemalige ADGB-Bundesschule, Bernau

ehemaliges Reichstagspräsidentenpalais, Berlin-Mitte

Wettbewerbserfolge/ Preise
2008
World Monuments Fund/ Knoll Modernism Preis: Umbau der ehemaligen Bundesschule Bernau

BDA Preis Brandenburg: Umbau der ehemaligen Bundesschule des ADGB

2004
Workshopverfahren „Das neue Terrassenhaus", Berlin, Rummelsburger Bucht, 1. Preis

Gutachterverfahren Kunstsammlung Gunzenhauser, 2. Platz

2003
Bauherrenpreis Gartenstadt Falkenberg, Berlin-Treptow

BHU Preis Denkmalpflege, Gartenstadt Falkenberg, Berlin-Treptow

1999
Architekturpreis NiedrigEnergieBau, 3. Preis

1998
Realisierungswettbewerb Zeughaus/DHM, Berlin-Mitte, 1. Preis

1995
Städtebaulicher Ideenwettbewerb Zitadelle Peitz, 3. Preis

1992
Städtebaulicher Realisierungswettbewerb Berlin-Falkenberg, 3. Preis

Jens Casper
Petra Petersson

„... dank des Forschungsdrangs der Architekten kommt die Inspiration wie von selbst; indem sie das Vernachlässigte, Alltägliche, Bekannte untersuchen und das Vorgefundene im Rahmen der Projektvorgaben und der räumlichen Situation kombinieren, sehen sie sich als Umformer des bereits Vorhandenen."
(Wallpaper Architects Directory 2007: 101 of the world's most exciting new architects)

"... inspiration comes easily thanks to the architects' inquisitive natures: by examining the underused, the everyday and the familiar, and combining their findings within the project restrictions and spatial situation, they see themselves as transformers of what is already there." (Wallpaper Architects Directory 2007: 101 of the world's most exciting new architects)

Die Wohnung auf dem Dach des Bunkers präsentiert sich mit offenem Grundriss und einer Raumhöhe von annähernd 4 Metern unter einem 26 x 26 Meter großen Stahlbetondach.

Adapter (Treppe)

Durch Entnahme von Decken und Wänden wurden im Inneren des Bunkers Räume miteinander verbunden, die Kammern in ein Labyrinth aus sich überlagernden Räumen verwandelt.

Außenansicht des Gebäudes von der Reinhardtstraße

49 **Jens Casper Architekt BDA**
www.jenscasper.com

Petra Petersson Architektin BDA Realarchitektur
www.realarchitektur.de

Schinkestraße 8–9
12047 Berlin

Jens Casper
1967 geboren in Köln
Studium an der RWTH Aachen
Bis 2003 Mitarbeit in Büros in Berlin, Köln und Aachen
2003 Gründung Realarchitektur
2004–2006 Wissenschaftliche Mitarbeit an der TU Berlin
2007 Mitglied im BDA
2008 Ausstieg aus Realarchitektur, Gründung eines eigenständigen Büros: +, Jens Casper Architekt BDA

Petra Petersson
1966 geboren in Lund, Schweden
1985–1991 Architekturstudium an der Lunds TH und Mackintosh School of Architecture, Glasgow
1992–2003 Mitarbeit in Büros in Stockholm, Auckland, Glasgow und Berlin
1997–2003 Büroleitung und Projektleiterin, Berlin
2003 Gründung Realarchitektur
2007 Mitglied im BDA

2006 war Realarchitektur im deutschen Pavillon auf der Biennale in Venedig vertreten, 2007 eins von drei nominierten Architekturbüros für den nordischen Architekturpreis Forum AID 2007 und ist mit dem Architekturpreis Beton 2008 ausgezeichnet.

Referenzen (Auswahl)
2003–2007 Sammlung Boros, Umbau eines denkmalgeschützten Luftschutzbunkers, Berlin

2006–2008 HHGO, Neubau eines später teilbaren Wohnhauses, Bürgerbuschweg, Oldenburg

2007 Wohnungsbau, 60 Wohneinheiten, Hägersten, Stockholm

2006 Boalla, Das Wohnen der Zukunft für die ältere Generation, Realisierungswettbewerb Ankauf, Schweden

2005–2006 Familjeband, Wettbewerb, 1. Preis, Vorplanung und Bauausstellung, Kollektivhuset TenstaBo06, Stockholm

2004–2007 BoP, Umbau und Erweiterung eines Wohnhauses aus den dreißiger Jahren, Malmö, Schweden

2005–2006 BoL, Umbau eines Wohnhauses im Ensembleschutz, Berlin-Zehlendorf

2004 SWoosh!!! Schneller Wohnen in Halle/Saale, Shrinking Cities: Reinventing Urbanism, engere Wahl
1000 Möglichkeiten, Wettbewerb, 2 Ankäufe „1000 Baulücken in NRW!"
WeberHaus Ideenwettbewerb, Ankauf, mit ifau, Institut für angewandte Urbanistik, Berlin

2003–2004 BoF, Umbau eines Einfamilienhauses, Bergfelde bei Berlin 2004

CollignonArchitektur

Wir stehen für eine nach vorn blickende, moderne Architektur, die den heutigen Bedürfnissen nach Effizienz und Veränderung genauso gerecht wird wie dem Streben nach Lebensqualität und Nachhaltigkeit. Eleganz und Klarheit sind dabei ebenso wichtige Gestaltungsziele wie Lebendigkeit und Spannung.

We stand for a forward looking, modern architecture which reflects the current needs for efficiency and change as well as the striving for quality of life and sustainability. Elegance and clarity are thereby just as important design goals as liveliness and tension.

Galerie der Gegenwart, Saarbrücken, offener internationaler Realisierungswettbewerb 2007, Ankauf

Modernisierung, Neugestaltung von Architektur und Außenanlagen, Vogelsanger Weg 80, Düsseldorf

51 **CollignonArchitektur**

Wielandstraße 17
10629 Berlin
Tel.: 030/31 51 81 0
Fax: 030/31 51 81 10
mail@collignonarchitektur.com
www.collignonarchitektur.com

Dipl.-Ing. Oliver Collignon
Architekt BDA
1957 geboren in München
1977–1984 Studium der Architektur und der Philosophie in Berlin (TU), Stuttgart, Chicago (IIT), (DAAD Stipendium)
1984 Diplom und Mitarbeit Steidle und Partner, München
1985–1988 Geschäftsführender Gesellschafter Dorcas System, London
1989–1992 Freier Architekt und Projektleiter bei Richard Rogers Partnership in London
1993–1994 Technischer Leiter der Projektentwicklung, Phidias GmbH, Berlin
1994 Partner Collignon Fischötter Architekten
2008 CollignonArchitektur

Arbeitsschwerpunkte
Büro- und Geschäftsgebäude
Wohnbauten
Modernisierungen
Verkehrsbauten
Innenarchitektur
Nachhaltiges Bauen mit angemessenen Technologien

Referenzen (Auswahl)
Seit 2008 Hotel „Le Savigny", Berlin, Neubau

2007–2009 Wohnhäuser und Tiefgarage „Choriner Höfe", Berlin, Neubau

2006–2008 Bürohaus Feldbergstraße 35, Frankfurt am Main, Modernisierung

2003–2007 Bürohaus Monschauer Straße 1, Düsseldorf, Modernisierung

2003–2007 Bürohaus Vogelsanger Weg 80, Düsseldorf, Modernisierung

2000–2003 Büro- und Geschäftshaus „City Light House", Kantstraße 162, Berlin

2000–2003 Bürohochhäuser, Lennéstraße 3 und 5, Berlin

1999/2008 U-Bahnhof Berliner Rathaus, Berlin

1995–1997 Mehrfamilienvilla, Am Priesterberg 10, Berlin

Wettbewerbserfolge (Auswahl)
2007
Galerie der Gegenwart, Saarbrücken, 3.209 m² Nutzfläche, Ankauf

2006
Eingangsbereich und zentraler Stadtteilpark für das Wohngebiet Neugraben-Fischbek, Hamburg, 2. Platz (In Kooperation mit Atelier Loidl)

2003
Einkaufszentrum, Bürohochhaus, Hotel, Wohnen, Alexanderplatz, Berlin, 158.000 m² BGF, Einladung

2000
Kulturzentrum Turin, Italien, 43.270 m² BGF, 6. Platz

1999
Bibliothek des 21. Jahrhunderts, Stuttgart, 32.000 m² BGF, Ankauf

1998
Deutscher Pavillon, Expo 2000, Hannover, 18.000 m² BGF, 2. Platz

DGI Bauwerk Gesellschaft von Architekten

Architektur und Management
Unser Anspruch ist die Symbiose von Gestaltung, Technologie und professioneller Abwicklung. Neben unserer Kerntätigkeit – der Planung und Realisierung von Forschungsgebäuden – arbeiten wir gerne als Kontaktarchitekten und Kooperationspartner mit qualifizierten Kollegen an der Umsetzung anspruchsvoller Projekte.

Architecture and management
We aspire to the symbiosis of design, technology and professional development. Next to our core activity – the planning and realization of research buildings – we like to work as contact architects and cooperation partners with qualified colleagues on the realization of ambitious projects.

Hotel- und Bürogebäude Abu Dhabi, VAE

Laborgebäude

Forschungsgebäude
Neutronenleiterhalle

53 **DGI Bauwerk**

Gesellschaft von Architekten mbH
Schillstraße 9
10785 Berlin
Tel.: 030/264 94 30
Fax: 030/262 79 34
mail@dgi-bauwerk.de
www.dgi-bauwerk.de

Dipl.-Ing. Bernd Tibes
Architekt BDA
1952 geboren in Düren
1974–1980 Architekturstudium TU Berlin/TH Aachen
1980–1982 Oefelein + Freund Architekten, Berlin
1982–1985 twb Gesellschaft für Baubetreuung
1985 Gründung DGI Bauwerk
1998 Dozent Technische Akademie Esslingen Baumanagement
2004 Dozent FH Augsburg Masterstudiengang Baumanagement

Constanze Tibes, Dipl.-Ing. Architektin

Referenzen (Auswahl)
2008 Gesellschaft für Schwerionenforschung, Darmstadt
Beschleunigerzentrum FAIR als ARGE ion42 mit schneider+schumacher, Frankfurt
2008 Gesellschaft für Schwerionenforschung, Darmstadt
Testinghalle Projekt FAIR
2008 Helmholtz-Zentrum Berlin für Materialien und Energie
Technikum Hochfeldmagnet
2008 Fritz-Haber-Institut, Berlin, Laborgebäude
2008 Visastelle Deutsches Generalkonsulat, Kalkutta, Indien
2008 Hotel + Büro, Abu Dhabi, VAE
2006 Helmholtz-Zentrum Berlin für Materialien und Energie, Labor Transmissions-Elektronenmikroskop
2004 Helmholtz-Zentrum Berlin für Materialien und Energie, Neutronenleiterhalle

Kooperationen (Auswahl)
2008 Oberstufenzentrum Körperpflege, Berlin
Farwick + Grote Architekten, Ahaus

2007 Besucherzentrum Müritzeum, Waren/Müritz
Wingårdhs Arkitektkontor, Göteborg

2005 Novotel, Berlin-Tiergarten
Ortner&Ortner, Berlin

2001 Cubus Büro + Hotel, Düsseldorf, schneider+schumacher, Frankfurt am Main

2001 Grundschule Immortellenweg, Berlin
Backmann+Schieber, Berlin

1999 Nordische Botschaften, Berlin, Berger & Parkinnen, 3xN, Palmar Kristmundson, Snøhetta, Wingårdh Arkitektkontor

1998 Innovationszentrum Informatik, Berlin
CEPEZED, Delft

Wettbewerbserfolge (Auswahl)
2008
FH Mittweida, Ankauf
Büro Nixdorf, Dortmund, 1. Preis

2007
Max-Delbrück-Centrum, Berlin, Magnet-Resonanz-Tomographie, 2. Preis

2003
Ammerseegymnasium, Diessen, mit Regina Schineis, Augsburg, Ankauf

Publikation
2007 Der Weg zum Bauwerk, Selbstverlag BBR

dmsw

Bürogemeinschaft für Architektur und Landschaft

Wohnhäuser Mahlerstraße, Berlin-Weißensee 2008

Wohnhäuser Mahlerstraße
Berlin-Weißensee 2008

Doppelhäuser Albertinenstraße, Berlin-Weißensee 2004

55 **dmsw** Bürogemeinschaft für Architektur und Landschaft

Mariannenstraße 7a
10997 Berlin
Tel.: 030/61 65 80 61
Fax: 030/61 65 80 62
mail@dmsw.net
www.dmsw.net

Julia Dahlhaus
Architektin BDA
1969 geboren in Berlin
1997 Diplom der Architektur an der HdK Berlin, bis 2004 Mitarbeit u.a. bei Volker Staab; Max Dudler
2004-2006 Wissenschaftliche Mitarbeiterin an der Bauhaus Universität Weimar
2004 Gründung dmsw
seit 2006 Mitglied im BDA

Philipp Wehage
Architekt BDA
1967 geboren in Berlin
1994 Diplom der Architektur HdK Berlin
bis 2003 Mitarbeit u.a. bei Assmann Salomon und Scheidt; Heinrich Rother, Alfred Grazioli
seit 2003 Wissenschaftlicher Mitarbeiter TU Berlin
2004 Gründung dmsw
seit 2006 Mitglied BDA

weitere Mitglieder dmsw:
Michael Müller
Architekt

Maria Simons
Landschaftsarchitektur

Arbeitsschwerpunkte
Städtebau, Wohnungsbau und Landschaftsarchitektur
Mitglied im Netzwerk Berliner Baugruppen Architekten

Referenzen (Auswahl)
Wohnhaus Meyerbeerstraße, Berlin 2007–2009

Wohnhäuser Gounodstraße, Berlin 2008–2009

Wohnhaus Hohe Leite, Dresden 2007–2009

Wohnhaus Kleinzschachwitzer Ufer, Dresden (Umbau) 2007–2008

Wohnhäuser Mahlerstraße, Berlin 2006–2008

Apartmentanlage Baabe, Rügen 2006

Doppelhäuser Albertinenstraße, Berlin 2003–2004

Privatgärten in Berlin, Krefeld, Bleckede 2001–2008

Jörg Ebers Architekt BDA

Das menschliche Grundbedürfnis nach Schutz und nach Bedeutung ist der Ausgangspunkt für die Entstehung jeglicher Architektur. Das verantwortungsvolle Bauen, welches diese zwei Motive respektiert und zeitgemäß ausformuliert, ist ein kultureller Vorgang.

The basic human need for shelter and for meaning is the starting point of any piece of architecture. Sensible building respects these two principles and realizes them with modern means, creating a cultural process.

Ansicht Haus Auguststraße

Haus Bernauerstraße

Haus Marienplatz

Straßenansicht

57 **Jörg Ebers Architekt BDA**
ebers architekten
Brunnenstraße 10
10119 Berlin
Tel.: 030/28 04 79 68
Fax: 030/28 04 79 83
info@ebers-architekten.de
www.ebers-architekten.de

Dipl.-Ing, BSc (hons)
Jörg Ebers
Architekt BDA
1969 geboren in Krefeld
1990–2002
Schweger&Partner Hamburg
1994–1995 Freie Mitarbeit
Building Design Partnership, London
1992–1995 Studium UCL
The Bartlett, London
1995–1999 Studium
Hochschule der Künste (UdK)
Seit 2003 ebers architekten
Gastkritiker an TU Berlin, TU Cottbus, TU Hannover, FH Regensburg
Gastvorträge
Berufenes Mitglied
Bundesstiftung Baukultur

Arbeitsschwerpunkte
Nachhaltiger Wohnungsneubau
Projektentwicklung
Bauen im Bestand
Sanierung
Innenausbauten

Referenzen (Auswahl)
Städtebauliches Gutachterverfahren, Stallschreiberblock Berlin-Mitte, 2008

Neubau Stadthaus, Bernauerstraße, Berlin-Mitte, Fertigstellung 2008

Neubau Villa, Marienplatz, Berlin, Fertigstellung 2007
Entwurf Saalbau Brunnenstraße, Projektentwicklung 2006

Dachaufbau Elbchaussee, Hamburg, Fertigstellung 2006

Townhouse Friedrichswerder, Entwurf 2005

Neubau Wohn- und Geschäftshaus, Auguststraße, Berlin, Fertigstellung 2004

Diverse hochwertige Innenausbauten von Apartments und Altbaubestand

Wettbewerbserfolge (Auswahl)
2006
DeuBauPreis

2005
Bauwelt Preis, 1. Preis
Hans Schaefers Nachwuchsförderpreis, Auszeichnung

2000
Gasometer Oberhausen
Ideenwettbewerb, 1. Preis

Christine Edmaier

Der architektonische Anspruch bleibt, ob Innenraum oder Stadtraum: Eine dreidimensionale Komposition ist vom Entwurf bis ins Detail konsequent zu durchdenken und so zusammenzufügen, dass nichts dem Zufall überlassen bleibt. Der Eindruck entfaltet sich mit der Bewegung des Betrachters im Raum.

The architectonic challenge remains, regardless of whether it is an interior or urban space: From design down to the last detail, a three dimensional composition must be thought through and put together in such a way that nothing is left to chance. The impression emerges as the observer moves through the space.

Einfamilienhaus-Villa im Grunewald, 2005

Einfamilienhaus, Schönwalde, 2004

Uferpromenade und Fußgängerbrücke Nordhorn, 2006

59 **Christine Edmaier**
Büro für Architektur und Städtebau
Emser Straße 40
10719 Berlin
Tel.: 030/279 16 55
Fax: 030/279 02 05
Christine.Edmaier@t-online.de
www.christine-edmaier.de

Christine Edmaier,
Dipl.-Ing. Architektin BDA
1961 geboren in Stuttgart
1986–1987 DAAD Stipendium Venedig
1987 Diplom HDK Berlin
1987–1991 Partnerschaft C + C Kennerknecht
Seit 1992 eigenes Büro
1996–1997 Gastprofessur Kunsthochschule Berlin-Weißensee
Seit 2003 Vorstand BDA Landesverband
Vertreterversammlung der Architektenkammer

Arbeitsschwerpunkte
Wohnungsbau, Einfamilienhäuser, Öffentliche Bauten und Räume, Städtebau, verdichtete, innovative und ökologische Wohnformen, Wettbewerbe, Umgestaltung von Bauten der Nachkriegszeit und Plattenbauten

Referenzen
Mehrfamilienhaus am Wildpfad, Berlin-Grunewald, im Bau

Anbindung Ringcenter Nordhorn, Uferpromenade und Fußgängerbrücke an der Vechte

Workshop Potsdamer Mitte

Einfamilienhaus-Villa in Berlin-Grunewald

Mehrfamilienhaus am „Alten Messplatz" Freiburg

Einfamilienhaus Rotkehlchensteig, Schönwalde

Städtebaulicher Rahmenplan NINO-Areal Nordhorn

Umbau eines denkmalgeschützten Einfamilienhauses im Hansaviertel

Umbau und Sanierung von 640 Wohnungen im Heckert-Viertel, Chemnitz

Ökumenisches Gemeindezentrum „Festeburg" in Hamburg, Neuallermöhe West

30 Doppel- und Reihenhauseinheiten in Hamburg, Neuallermöhe West

Wettbewerbserfolge (Auswahl)
2006
Werkstatt für behinderte Menschen in Berlin-Zehlendorf, 3. Preis

2005
Anbindung Ringcenter Nordhorn, 1. Preis

2003
Regierungsstandort Henning-von-Treskow-Straße, Potsdam, 2. Preis

2002
Konversionsfläche NINO-Areal Nordhorn, 1. Preis

2001
Fachhochschulcampus Wolfsburg, 2. Preis

1997
„Das städtische Haus für Berlin", 2. Preis

1996
Gemeindezentrum in Hamburg, Neuallermöhe West, 1. Preis

1995
Die Nordischen Botschaften Berlin, 3. Preis

1994
Städtebaulicher Wettbewerb, Hamburg, Neuallermöhe West, 1. Preis

ern+ heinzl Architekten

„Baukunst ist immer der räumliche Ausdruck geistiger Entscheidungen."
Mies van der Rohe

"The art of building is always the spatial expression of intellectual decisions."
Mies van der Rohe

Neubau Atelier Brandmeier, Berlin

Sanierung Bildungszentrum Wallierhof, Solothurn, Schweiz

Schulhauserweiterung Hermesbühl, Solothurn, Schweiz

61 **ern+ heinzl Architekten**

Holsteinische Straße 28
10717 Berlin

Werkhofstraße 52
CH – 4500 Solothurn
Tel.: 0041/326 22 30 60
Fax: 0041/326 22 30 66
architekten@ernheinzl.com
www.ernheinzl.com

Dipl.-Ing. Christiane Ern
Architektin BDA

1968 geboren
Studium an den Universitäten Dortmund und Venedig
Diplom mit Auszeichnung
1994–1997
Büro Prof. Sawade, Berlin
1997–1999
Busmann+Haberer, Berlin
1999–2001
Assistentin an der Bauhaus Universität Weimar
Seit 2006
Mitglied im BDA Berlin
Seit 2007
Mitglied im AKJAA des BDA
Seit 2007
Vertretungsprofessur an der RWTH Aachen

Seit 2000
Bürogemeinschaft mit Simeon Heinzl

Referenzen (Auswahl)

2008 Sanierung Bildungszentrum Wallierhof, Solothurn

2008 Umbau Kapelle der Reformierten Kirche, Solothurn

2008 Umbau Büros KSA Kurt Salmon Associates, Düsseldorf

2008 Erweiterung Schulhaus Hermesbühl, Solothurn, Wettbewerb

2007 Umbau Mensa Fachhochschule Nordwestschweiz, Olten

2006 Neubau Atelier Monika Brandmeier, Berlin

2006 Neubau der Fachhochschule Nordwestschweiz, Olten, Wettbewerb, 4. Preis

2006 Umbau argonauten_ G2, Berlin

2005 Neubau Rhyn Feinmechanik AG, Solothurn

2004 Gesamtsanierungskonzept Altstadtliegenschaften Solothurn

GEORG • SCHEEL • WETZEL ARCHITEKTEN

Die Neubauten der Schule und Tagesstätte für schwer seh- und mehrfachbehinderte Kinder in Regensburg interpretieren die vorgefundene landschaftliche und topografische Situation und setzen die sehr differenzierten organisatorisch-funktionalen Anforderungen des Nutzers in eine bauliche Gestalt um.

The new buildings for the school and day care for visually and multi-handicapped children in Regensburg interpret the existing landscape and topographical situation and realize the highly differentiated organisational and functional demands of the user in an architectural guise.

Blindeninstitutsstiftung Regensburg

63 **GEORG • SCHEEL • WETZEL**
ARCHITEKTEN
Marienstraße 10
10117 Berlin
Tel.: 030/27 57 24 70
Fax: 030/27 57 24 77
buero@gsw-architekten.de
www.georgscheelwetzel.com

Bettina Georg
1969 geboren in Hannover
1988–1999 Mathematik-, Architekturstudium TU Braunschweig, Grabungskampagnen Italien, Ägypten
1999–2000 David Chipperfield Architects, Müller Reimann Architekten, Berlin
2000–2001 wissenschaftliche Mitarbeit, Deutsches Archäologisches Institut, Berlin
2000 Bürogründung Georg • Scheel • Wetzel Architekten
2004 Lehrauftrag, BTU Cottbus

Partner:
Tobias Scheel
Simon Wetzel

Arbeitsschwerpunkte
Objektplanung aller Leistungsphasen
Bauen in denkmalgeschützter Umgebung
Bauen für behinderte Menschen/Gesundheitswesen
Schul-/Sonderschulbau
Städtebauliche Planung bis zur Bauleitplanung

Referenzen
2007–2008 Facharztzentrum Überlingen/Bodensee

2006–2007 Umbau und Ertüchtigung Schulgebäude, Berlin-Lichtenberg

2005–2008 Aufstockung Wohn- und Geschäftshaus, Berlin

2005–2007 Neu- und Umbau Kantine des Emil von Behring Klinikums Zehlendorf, Berlin

2001–2005 Neubauten der Blindeninstitutsstiftung in Regensburg

2000–2001 Bebauungsplan „Östlich Schloss Prüfening", Regensburg

2000–2003 Städtebauliche Neuordnung Gemüsemarkt Fulda (mit J. Baumeister)

Wettbewerbserfolge (Auswahl)
2008
Feuerwache Tuttlingen, 2. Preis

2007
Museumshöfe Staatliche Museen zu Berlin, 1. Ankauf

2005
Maurerschule Winterthur, Schweiz, 3. Preis

2004
Stadtquartier „In der Schmucken", Rosenheim, 2. Preis

2004
Hessische Staatsweingüter Kloster Eberbach, Eltville, 3. Preis

2003
Prora auf Rügen, Jugendherberge im ehemaligen KdF-Seebad, 2. Preis

2002
„Herosé" – Stadt am Seerhein Konstanz, 3. Preis

2000
Gemüsemarkt Fulda (mit J. Baumeister), 1. Preis

2000
Neubauten der Blindeninstitutsstiftung in Regensburg, 1. Preis

GERHARDS&GLÜCKER

Im Zeitalter der Globalisierung sind wir auf der Suche nach den Wurzeln der Identität eines Ortes. Nur wenn sich Orte signifikant von anderen Orten unterscheiden, sind sie attraktiv für die Menschen.

In the era of globalization we are looking for the roots of a locality's identity. Only when localities are meaningfully distinguished from each other, do they become attractive for human beings.

Deutsches Hygiene-Museum Dresden

Dresdner Residenzschloss Georgenbau

Stadtmuseum Simeonstift Trier

65 **Gerhards&Glücker**
Architekten
Museumsgestalter BDA
Leuschnerdamm 13
10999 Berlin
Tel.: 030/24 72 38 17
Fax: 030/24 72 38 19
office@gerhardsgluecker.com
www.gerhardsgluecker.com

Carsten Gerhards
1966 geboren in Bonn
Studium der Architektur an der RWTH Aachen, Bartlett School of Architecture London, Kunstakademie Düsseldorf und Hochschule der Künste Berlin.
Projektarchitekt Joachim Schürmann Architekten (Köln) und Ingenhoven Architekten (Düsseldorf).
Projektleiter David Chipperfield Architects (London/Berlin). Seit 2001 Gerhards&Glücker

Andreas Glücker
1966 geboren in Stuttgart
Studium der Architektur an der Fachhochschule Biberach und der Hochschule der Künste Berlin
Projektarchitekt Augustin und Frank Architekten (Berlin), Rolf Heide
Tim Heide Architekten (Hamburg/Berlin), heide von beckerath alberts architekten (Berlin) und hg merz architekten (Berlin)
Seit 2001 Gerhards&Glücker

Arbeitsschwerpunkte
Ausstellungen, Museen und Gedenkstätten
Bauen im denkmalgeschützten Kontext

Referenzen
2008–2011 Deutsches Museum München, Dauerausstellung Chemie (in Realisierung)

2008–2011 Albrechtsburg Meißen, Dauerausstellung (in Realisierung)

2008–2010 Keltenmuseum am Glauberg, Dauerausstellung (in Realisierung)

2007 Festung Königstein, Umbau

2007 Dresdner Residenzschloss Georgenbau, Dauerausstellung

2007–2009 Händel-Haus Halle, Dauerausstellung (in Realisierung)

2006 Gedenkstätte Sachsenhausen, Museum Häftlingsküche

2005–2007 Stadtmuseum Simeonstift Trier, Dauerausstellung (realisiert)

2004–2005 Museum für Kommunikation Berlin, com@home (realisiert)

2003 Bayerisches Nationalmuseum München, Dauerausstellung

2002–2005 Deutsches Hygiene-Museum Dresden, Dauerausstellung (realisiert)

Auszeichnungen
2008
contractworld.award

2007
Bauwelt Preis

2006
contractworld.award

2004
Compasso d'Oro, Nominierung

2003
Elle Decoration Design Award

2001
ar+d Award

Ausstellungen
Einzel- und Gruppenausstellungen in Alexandria, Basel, Beirut, Berlin, Jerusalem, Kairo, Karlsruhe, Köln, Kopenhagen, Kortrijk, London, Luanda, Mailand, Shanghai und Thessaloniki

GRAFT – Gesellschaft von Architekten mbH

GRAFT begreift sich als Büro für Architektur, Städtebau, Ausstellungsdesign, Produktdesign, Musik und das „Streben nach Glück". Seit der Gründung 1998 ist es beauftragt worden, ein breites Spektrum von Projekten mit hybrider Funktionsmischung und interdisziplinärem Ansatz zu entwerfen und zu bauen.

GRAFT operates as an office for architecture, urban planning, exhibition and product design, music and the "pursuit of happiness". Since its founding in 1998 it has been contracted to design and build a broad spectrum of projects with hybrid functions and inter-disciplinary approaches.

Das negativ assoziierte Umfeld der Zahnarztpraxis weicht dem Bild einer warmen Dünenlandschaft.

Der Messestand definiert verschiedene Belegungszonen und erfüllt gleichzeitig dadurch spezielle funktionale Anforderungen.

67 **GRAFT – Gesellschaft von Architekten mbH Berlin**
Heidestraße 50
10557 Berlin, Germany
T+49 30 2404 79 85
F+49 30 2404 79 87

Lars Krückeberg
1989–1992 TU Braunschweig, Deutschland
1992–1993 Università degli Studi di Firenze, Florenz, Italien
1993 Kunsthistorisches Institut in Florenz, Italien
1993–1996 TU Braunschweig, Deutschland
1997–1998 SCI-Arc, Los Angeles, CA
1998 Mitgründer von Graft
2002 Architektenkammer Berlin
2004 American Institute of Architects
2006 BDA, Bund Deutscher Architekten

Wolfram Putz
1988–1992 TU Braunschweig, Deutschland
1992–1993 University of Utah, Salt Lake City, USA
1993–1995 TU Braunschweig, Deutschland
1996–1998 SCI-Arc, Los Angeles, CA
1998 Mitgründer von Graft
2002 Architektenkammer Berlin
2004 American Institute of Architects
2006 BDA, Bund Deutscher Architekten

Thomas Willemeit
1991–1992 Bauhaus Dessau, masterclass in architecture and urban planning
1995 Summer Academy Vienna, Austria, masterclass Dagmar Richter
1988–1997 TU Braunschweig, Deutschland
1998 Mitgründer von Graft
2002 Architektenkammer Berlin
2004 American Institute of Architects
2006 BDA, Bund Deutscher Architekten

Arbeitsschwerpunkte
Architektur, Städtebau, Innenausbau, Kunst- und Ausstellungsdesign, Bühnenbild, Produktdesign

Referenzen (Auswahl)
Aktuelle Projekte
City Center, Pool Landscape, Las Vegas, NV

Dalian Daily, Dalian, China

Hotel Iveria, Tiflis, Georgien

Make It Right, New Orleans, LA

W Hotel and Residences Downtown NY, NY

Fertiggestellte Projekte
Emperor, Beijing, 2008

Erics Paris Salon, Beijing, 2007

Opticon, Hamburg, 2007

Stack, Las Vegas, 2006

KU 64, Berlin, 2005

Loft Gleimstraße, Berlin, 2005

Hotel Q, Berlin, 2004

Wettbewerbserfolge (Auswahl)
2008
Red Dot Design Award, Kanera 1E; SADI Award – Grand SADI Award: Opticon; Design Award of the Federal Republic of Germany, Nominee: Kanera 1E; "40 under 40", Winner, European Centre for Architecture

2007
Interior Design Awards, BOY Finalist: Erics Salon; AIA LA Restaurant Design Award, People's Choice: STACK; Design Award of the Federal Republic of Germany, Finalist, Mercedes Benz& Maybach Trade Fair Booth

2006
ICIF, Iakov Chernikov Nominee

Gruber + Popp – soulfood architecture

Nachhaltige Gebäude mit Identifikationspotenzial

Sustainable buildings with identity potential

Haus Jauch, München 2004–2006

Wittelsbacher Schule Germering, Germering 2005–2008

30 kV-Gebäude, Berlin 2007–2008

69 **Gruber + Popp – soulfood architecture©**
Am Spreebord 5
10589 Berlin
Tel.: 030/68 80 96 65
Fax.:030/68 80 96 66
architekten@gruberpopp.de
www.gruberpopp.de

Doris Gruber
1963 geboren
1992 Diplom, München
1995 Architekturförderpreis der Stadt München
2003–2006 Vorstandsmitglied BDA, LV Berlin
2004–2007 Präsidiumsmitglied des BDA Bund
Seit 2007 Vizepräsidentin des BDA

Bernhard Popp
1961 geboren
1991 Diplom, München
1995 Architekturförderpreis der Stadt München
1998 Forschung „Energie Stadt"
Seit 2003 Gründung und Vorsitz Institut für Nachhaltigkeit e.V. Berlin

Seit 1992 gemeinsames Büro in Berlin und München

Arbeitsschwerpunkt
Nachhaltige Komplettlösungen für Bestandsgebäude, Zertifizierung für ENEV und Energieausweis, Referenzen für Kosten- und Terminsicherheit

Referenzen (Auswahl)
2007–2008, 30 kV-Gebäude, Umnutzung und energetische Fassadensanierung, Vattenfall AG, Berlin

2007–2008, Haus NL, Erweiterung und Bestandsumbau einer Villa, Berlin

2008 Kerschensteiner Schule, Energetische Fassadensanierung, Germering

2006–2008 Data Display GmbH, Neubau Firmensitz, Germering

2005–2008 Wittelsbacher Schule Germering, Erweiterung durch Klassenräume und Hortgebäude, Germering

2005–2006 Neubau Hilfskühler HKW-Mitte, Vattenfall AG, Berlin

2004–2006 Haus Jauch, Neubau und Bestandsumbau einer Villa, München

2002–2010 Rathaus Unterpfaffenhofen, Umnutzung und energetische Sanierung, Germering

Auszeichnungen
2007 Haus Jauch, Häuser-Award „Haus des Jahres", 2. Platz

2006 Haus Jauch, Deutscher Metallfassadenpreis, 2. Platz

Publikationen
pure plastic, Verlagshaus Braun, 2008

Portable Architecture, Birkhäuser, 2008

in full colour, Verlagshaus Braun, 2007

Flexible: Architecture that Responds to Change, Laurence King Publishing, 2007

Die besten Einfamilienhäuser – Umbau statt Neubau, Callwey, 2007

Renaissance eines Klassikers, Eternit AG, 2006

Die Architektur von Wettbewerben – Phase Eins, DOM Publishers, 2006

Grüntuch Ernst Architekten

Grundlage unserer Arbeit sind die traditionellen Werte in der Architektur, denn sie basieren auf der positiven Erfahrung mit gebauter Umwelt. Innovationen sind die notwendigen Schritte in die Zukunft, um neue Möglichkeiten zu eröffnen für die Herausforderung der sich wandelnden Lebens- und Arbeitsverhältnisse.

The basis of our work consists in the traditional values of architecture, because these are based on actual experience with constructed environments. Innovation means taking the necessary steps in the future in order to open up new possibilities that can meet the challenges of ever-changing living and working conditions.

Leipziger Straße 126, Berlin

oben: Fördehotel Flensburg
unten: Höfe am Brühl, Leipzig

Marie-Curie-Gymnasium, Dallgow Döberitz

71 **Grüntuch Ernst Architekten**

Auguststraße 51
10119 Berlin
Tel.: 030/308 77 88
Fax: 030/308 77 87
mail@gruentuchernst.de
www.gruentuchernst.de

Armand Grüntuch
Architekt BDA
1963 geboren in Riga
Diplom mit Auszeichnung, RWTH Aachen
DAAD-Stipendium an der Universität in Venedig
1987–1989 Büro Norman Foster, London
1991–1995 Lehrtätigkeit HdK, Berlin

Almut Ernst
Architektin BDA RIBA
1966 geboren in Stuttgart
Diplom an der Universität Stuttgart
DAAD-Stipendium an der AA in London
1988/89 Büro Alsop & Lyall, London
1993–1997 Lehrtätigkeit HdK, Berlin

Seit 1991 Grüntuch Ernst Architekten, Berlin
2006 Generalkommissare des deutschen Beitrages für die Architekturbiennale in Venedig

Preise (Auswahl)
2008 Best Architects 09
2008 AiT Office Application Award
2007 Best Architects 08
2006 AIT-Preis Farbe Struktur Oberfläche, Anerkennung
2006 Deutscher Bauherrenpreis
2005 Stiftungspreis der Stiftung „Lebendige Stadt"
2005 Brandenburgischer Architekturpreis
2003 DuPont Benedictus Award
2003 Deutscher Architekturpreis, Anerkennung
2002 Deubau-Preis

Referenzen/ Wettbewerbserfolge (Auswahl)
2013
Umbau Hauptbahnhof Chemnitz, 1. Preis WB 2004

2011
Masterplan Truman Plaza, Berlin, WB 2008
Fördehotel Flensburg, 1. Preis WB 2005

2010
Höfe am Brühl, Leipzig, 1. Preis WB 2007
Wohnen am Marthashof Berlin, 1. Preis WB 2006
Floating Homes, Berlin, 1. Preis WB 2002

2009
Kaufhaus Breite Straße Lübeck, 1. Preis WB 2007

2008
Kaufhaus am Brill, Bremen, 1. Preis WB 2005
Baugruppe Auguststraße 51, Berlin
Bürohaus Leipziger Straße 126, Berlin
Townhouse Oberwallstraße, Berlin

2006
La Biennale di Venezia, Dt. Pavillon, Convertible City
Schutzbereich Bernau
Bruno-Bürgel-Grundschule, Berlin

2004
Gymnasium Dallgow-Döberitz, 1. Preis WB 2001

2002
Bürohaus Neumühlen, Hamburg, 1. Preis WB 1996
Schule am Mummelsoll, Berlin, 1. Preis WB 1993

2001 Stadthäuser Monbijouplatz 3 und 5, Berlin

2000
VW-Pavillon in der Autostadt Wolfsburg
Stadthaus Hackescher Markt 2–3, Berlin

HAAS | Architekten BDA

„In Berlin angekommen"
Eine Bauaufgabe beinhaltet die ganzheitliche Betreuung in allen Leistungsphasen. In der Entwicklung stehen der Ort, die Überprüfung von gestalterischen Aspekten, Funktionalität und Wirtschaftlichkeit im Vordergrund. Mit Material und Gestaltung wird in jeder Aufgabe neu und vielseitig experimentiert.

"A mark made in Berlin"
A building task comprises integrated support at all phases of the project. The location, control of design aspects, functionality and economy occupy the foreground of the development. Material and design are subject to experiment in every new task.

Komplettsanierung Großes Tropenhaus im Botanischen Garten Berlin

Neubau Mehrfamilienwohnhaus,
Berlin-Prenzlauer Berg, 2008

Diplomatenpark, Stadtvilla in Berlin-Tiergarten,
Baubeginn 2008

73 **HAAS I Architekten BDA**

Silke Gehner-Haas
Friedhelm Haas
Busseallee 18
14163 Berlin
Tel.: 030/83 22 98 20
Fax.: 030/83 22 98 24
info@haas-architekten.de
www.haas-architekten.de

Silke Gehner-Haas
1965 geboren in Osnabrück
1987–1993 Architekturstudium, FH Münster
1993 Diplom an der Politechnischen Universität Krakau
1991–1993 Mitarbeit im Büro Bolles+Wilson, Münster
1993 Bürogründung mit Friedhelm Haas
2006 Berufung in den BDA Landesverband Berlin

Friedhelm Haas
1957 geboren in Weingarten/Baden
1981–1988 TU Karlsruhe
1984–1985 DAAD Stipendiat in London, Bartlett University
1985–1987 Mitarbeit bei Peter Wilson in London
1987 Mitarbeit im DAI in Rom
1988–1993 Lehrauftrag für Baukonstruktion in Münster
1993 Bürogründung mit Silke Gehner-Haas
2001 Berufung in den BDA Berlin, seit 2003 Vorstandsmitglied

Arbeitsschwerpunkte
Soziale Einrichtungen
Öffentliche Bauten
Altbausanierungen
Wohnungsbau
In allen Leistungsphasen der HOAI, Projektsteuerungsleistungen, Termin- und Ablaufplanung, Kostenplanung, Generalplanung

Referenzen (Auswahl)
2008 Neubau Mehrfamilienhaus im Diplomatenpark Berlin-Tiergarten

2008 Neubau Mehrfamilienwohnhaus Lychener Straße, Berlin-Prenzlauer Berg

2008 Neubau Mehrfamilienwohnhaus Choriner Höfe, Haus 6 und 7, Berlin-Mitte

2005–2009 Komplettsanierung Großes Tropenhaus im Botanischen Garten Berlin, EU VOF-Verfahren, Generalplaner

Wettbewerbserfolge (Auswahl)
2004 Oberstufenzentrum Berlin-Weißensee, Ankauf

2004 Neugestaltung des Bahnhofsareals Wuppertal-Döppernsberg, 3. Preis

2003 Museum für Medizintechnik, Kunst und Kultur in Erlangen, 2. Preis, nach Überarbeitung 1. Preis.

2001 Justizzentrum in Rosenheim, 3. Preis
Boulevard Karree Neubrandenburg, 2. Preis

HABERLAND Architekten BDA

„In Ketten tanzen… und dann die Täuschung der Leichtigkeit darüber breiten."
Friedrich Nietzsche
Jeder Architektur sind unzählige Zwänge auferlegt.
Das macht ihr Wesen und ihren Reiz aus.
Gute Architektur lässt dies alles vergessen.
Und schafft aus Zwängen Qualitäten.

"Dancing in chains ... and then cloaking it with the illusion of ease."
Friedrich Nietzsche
Every architecture is the creature of countless restraints.
That is its nature and charm.
Good architecture forgets all that.
We like dealing with constraints,
in order to strike sparks from the friction.

Erweiterung der Kantonsschule Rychenberg in Winterthur, Schweiz

Lesesaal der Mediothek

Blick in die Dreifach-Turnhalle

75 **HABERLAND Architekten BDA**
Sentastraße 3
12159 Berlin
Tel.: 030/61 62 87 08
Fax: 030 61 62 86 98
info@haberland-berlin.de
www.haberland-berlin.de

Partner
Nadja Haberland Dipl.-Ing. Architektin

Jost Haberland, Dipl.-Ing. Architekt BDA
1965 geboren in Kiel
1986–1993 Architekturstudium an der Universität Hannover und der Eidgenössischen Technischen Hochschule, Zürich
1993 Diplom an der Universität Hannover bei Prof. Peter P. Schweger
1993 Mitarbeiter im Büro Schweger und Partner, Hannover
1994 Stipendiat der Deutschen Akademie Villa Massimo in Rom
1995–1996 Mitarbeiter im Büro Walter A. Noebel, Berlin
1996–1998 ETH Zürich, Assistent für Entwurf und Konstruktion
1998–2000 freie Mitarbeit im Büro Architekten Gössler, Berlin
2000 Gründung von HABERLAND Architekten, Berlin
2002 Mitglied des BDA Berlin und im AKJAA, Arbeitskreis junger Architektinnen und Architekten im BDA
2003–2005 Lehrbeauftragter für Entwerfen an der Fachhochschule Dortmund

Arbeitsschwerpunkte
Bauen im Bestand, Bauten für Forschung und Lehre, Sporthallen, Bibliotheken

Referenzen
2007–2009 Sanierung und Umbau Aula Kantonsschule Rychenberg, Winterthur

2007–2008 Haus Gipsstraße 23 in Berlin–Mitte, Sanierung, Umbau und Dachausbau eines denkmalgeschützten spätklassizistischen Altbaus mit acht Wohnungen und einer Ladeneinheit

2005–2008 Sanierung Doppel-Turnhalle der Kantonsschule Rychenberg, Winterthur

2001–2008 Erweiterung Kantonsschule Rychenberg, Winterthur
Neubau Dreifach-Turnhalle, Mediothek, elf Klassenräume, drei Musikzimmer

Wettbewerbe (Auswahl)
2007
Kantonsschule Uster; Schweiz, 2. Preis

2004
Oberstufenzentrum Bautechnik Berlin-Weißensee, 3. Preis

2002
Kantonsschule Rüschlikon, Schweiz, 5. Preis

2002
Forensische Klinik Rheinau, Schweiz, 1. Preis

2000
Kantonsschule Winterthur, Schweiz, 1. Preis

HEIDE & VON BECKERATH

Die Arbeiten entstehen vor dem Hintergrund einer rationalen und gleichermaßen konzeptionellen Denkweise. Strukturelle und formale Klarheit prägen die Arbeit für urbane Strategien, Architektur, Ausstellungsdesign und Raumkonzepte. Jedes Projekt wird in seiner gestalterischen, kulturellen und intellektuellen Dimension unabhängig und eigenständig entwickelt.

The work emerges against a background of a rational and uniformly conceptual way of thinking, which extends from design to realization. Structural and formal clarity mark the work for urban strategies, architecture, exhibition design and spatial concepts. In its design as well as its cultural and intellectual dimensions, every project is independently and autonomously developed.

Apartmenthaus am Kurfürstendamm, 2000–2006

ETH-LEE, 2007

Quartier am Humboldthafen, 2007

77 **HEIDE & VON BECKERATH**
Tim Heide, Verena von Beckerath GbR
Architekten BDA
Kurfürstendamm 173
D-10707 Berlin
Tel.: 030/8851879
Fax: 030/8852095
www.heidevonbeckerath.com

Tim Heide
1959 geboren in Hamburg
1982–1988 Studium Architektur, Technische Universität Berlin und Universität der Künste, Berlin
1993–2004 Gastprofessuren Technische Universität Berlin
1996–2008 Büropartnerschaft mit Andrew Alberts und Verena von Beckerath
seit 2008 Partner im Architekturbüro HEIDE & VON BECKERATH

Verena von Beckerath
1960 geboren in Hamburg
1982–1983 Studium Soziologie, Psychologie und Kunstgeschichte, Universität Hamburg
1983–1990 Studium Architektur, Technische Universität Berlin
1992–1997 Assistenz am Fachgebiet Prof. Adolf Krischanitz, Universität der Künste, Berlin
1996–2008 Büropartnerschaft mit Andrew Alberts und Tim Heide
seit 2008 Partnerin im Architekturbüro HEIDE & VON BECKERATH

Arbeitsschwerpunkte
Urbane Strategien, Architektur, Corporate I Design, Konzepte

Aktuelle Projekte
Flottwell Zwei, Wohnhaus in Berlin-Tiergarten, 2008–2010

Haus im Oderbruch, Ortwig, 2007–2009

Haus am Mellensee, Sommerhäuser und Garten, 2008–2009

Ausgewählte Projekte
(2005–2008, in Partnerschaft mit Andrew Alberts)

Wiederaufbau des Berliner Schlosses – Humboldt-Forum, Berlin-Mitte, Wettbewerb, 2008

Stammheimer Ufer, Köln, Wettbewerb 3. Preis, 2007

Quartier am Humboldthafen, Berlin-Mitte, Gutachten im kooperierenden Verfahren, 2007

Pavillon EXPO Shanghai, Wettbewerb, 2008

ETH – LEE, Institutsgebäude und Graphische Sammlung, Zürich, Wettbewerb, 2007

Schöne Halle, Bundesgartenschau Schwerin, Projekt, 2007

Mercedes-Benz, RAI Amsterdam (NL); BAUMA München; IAA Nutzfahrzeuge Hannover; 2006–2007

Apartmenthaus am Kurfürstendamm, Berlin, 2000–2006; Architekturpreis Zukunft Wohnen 2007

Topographie des Terrors, Berlin, Wettbewerb, 2005

Kunsthalle Bremen, Wettbewerb, 2005

CHRISTIAN PELZETER
URSULA WILMS

Gemeinsam ist unserer Arbeit die Haltung, mit der wir uns den Aufgaben stellen: der Respekt vor der Geschichte und Kultur des Ortes, das Erkennen der Bedürfnisse derer, für die gebaut wird und das Entwickeln zukunftsfähiger Visionen – das Streben nach der besten Architektur. Das Ganze soll mehr sein als die Summe seiner Teile!

Our work is collectively the attitude with which we pose ourselves the tasks: The respect for the history and culture of the location, the recognition of the needs for which the building is being built and the development of future sustainable visions – the striving for the best architecture. A sum that is more than the parts!

Kinder- und Frauenklinik des Universitätsklinikums Carl Gustav Carus, Dresden

Bürogebäude der Bundesärztekammer auf dem KPM-Gelände in Berlin-Charlottenburg

79 **Heinle, Wischer und Partner**
Freie Architekten
Alt-Moabit 63
10555 Berlin
Tel.: 030/399 92 00
Fax: 030/393 50 00
berlin@heinlewischerpartner.de
www.heinlewischerpartner.de

Christian Pelzeter
1960 geboren in Freiburg
1988 Diplom, TU Berlin
Seit 1995 Gesellschafter

Ursula Wilms
1963 geboren in Erkelenz
1991 Diplom, TU Berlin, TU Wien, RWTH Aachen
Seit 1999 Gesellschafterin

Weitere Partner
Till Behnke, Hanno Chef Hendriks, Thomas Heinle, Markus Kill, Winfried Schmidbauer, Edzard Schultz

Arbeitsschwerpunkte
Bauten des Gesundheitswesens, Bauten für Wissenschaft, Lehre und Forschung, Wohnen und soziale Infrastruktur, Öffentliche Bauten und Verwaltungsbauten, Innenarchitektur

Referenzen (Auswahl)
2006–2008 Fraunhofer Institut für Zelltherapie und Immunologie IZI, Leipzig

2006–2008 Forschungsgebäude für einen 7-Tesla-Hochfeldtomographen, Deutsches Krebsforschungszentrum Heidelberg

2002–2006 Zentrum für Zahn-, Mund- und Kieferheilkunde, Ernst-Moritz-Arndt-Universität Greifswald

2003–2005 Casino der Bundesanstalt für Landwirtschaft und Ernährung Bonn

2001–2004 Bürogebäude der Bundesärztekammer auf dem KPM-Gelände in Berlin-Charlottenburg

1997–2003 Kinder- und Frauenklinik des Universitätsklinikums Carl-Gustav-Carus, Dresden

Wettbewerbserfolge (Auswahl)
2008
Wissenschaftliches Informationszentrum der Medizinischen Akademie Breslau, Polen, 1. Preis

2007
Bibliothek der Technischen Universität Breslau, Polen, 1. Preis

Neubau Landesamt für Besoldung und Versorgung NRW Düsseldorf, 1. Preis

2006
Klinikum Am Urban Berlin, Klinik für Psychiatrie und Psychotherapie und Speiseverteilzentrum, 1. Preis
Topographie des Terrors, Berlin, Neubau eines Dokumentations- und Besucherzentrums, Arbeitsgemeinschaft mit Heinz W. Hallmann, Landschaftsarchitekt, Aachen
1. Preis

STEPHAN HÖHNE ARCHITEKTEN

Die Architekturauffassung des Büros bezieht sich, losgelöst von gängigen Moden, auf den essenziellen Bereich der Architektur. Dabei stehen ein starkes Konzept und ein hoher Anspruch an Klarheit und Materialqualität im Vordergrund.
Jede Bauaufgabe ist ein spezifischer Fall. Es geht um das Herausarbeiten von individuellen architektonischen Charakteren.

The office's view of architecture is unhampered by current fashions and focuses on the essentials. Its priorities include a strong basic concept and the demand for clarity and high-quality materials. Every project is a special case. The important thing is to accentuate architectural characters.

Vivantes-Klinikum, Berlin-Friedrichshain 2002

Bürohaus Georgenstraße 23, Berlin-Mitte 2001

Quartier Prenzlauer Gärten, Berlin-Prenzlauer Berg 2008

Villa am Vogelsang, Berlin-Dahlem, 2008

81 **STEPHAN HÖHNE ARCHITEKTEN**

Caroline-von-Humboldt-Weg 38
10117 Berlin
Tel: 030/8872 39 20
Fax: 030/8872 39 01
hoehne-arc@t-online.de
stephan-hoehne-architekten.de

Stephan Höhne
Dipl.-Ing. Architekt BDA
1961 geboren in Lübeck
1982–1990 Architekturstudium an der TU Braunschweig und an der TU Berlin
1988–1992 Mitarbeit im Büro Kollhoff in Berlin
1992 Bürogründung in Berlin
1996 Hans-Schaefers-Preis des BDA
2000 Anerkennungspreis des BDA für die Kindertagesstätte in Berlin-Karow
2001–2002 Gastprofessor für Städtebauliches Entwerfen an der Kunsthochschule Berlin-Weißensee
2007 Deutscher Bauherrenpreis für die Wohnanlage Villa St. Gertraudt in Berlin-Kreuzberg

Arbeitsschwerpunkte
Das Büro ist in den verschiedensten Planungsbereichen wie Wohnungsbauten, Büro- und Gewerbebauten, öffentliche Bauten, Krankenhausbauten, Hotelbauten, Innenausbauten, Altbausanierungen, städtebaulichen Studien und Masterplänen tätig

Referenzen
2008 Brauhofgarten im Viktoria Quartier, Erweiterung einer bestehenden denkmalgeschützten Brauerei, Berlin-Kreuzberg, im Bau

2008 Zwei Townhouses in Berlin-Friedrichswerder, im Bau

2008 Metropol Living Am Karlsbad, Umnutzung zweier denkmalgeschützter Bürohäuser zu einer Wohnanlage, Berlin-Mitte, im Bau

2008 Quartier Prenzlauer Gärten, Neubau einer Wohnanlage mit 61 Townhouses und 46 Wohnungen, Berlin-Prenzlauer Berg

2008 Villa im Vogelsang, Berlin-Dahlem

2008 Villa Ottilie, Umnutzung einer denkmalgeschützten Mutter-Kind-Klinik zu einer Wohnanlage, Berlin-Westend

2007 Villa St. Gertraudt, Umnutzung eines denkmalgeschützten Krankenhauses zu einer Wohnanlage, Berlin-Kreuzberg

2006 Zentrales Krankenhaus der Berliner Volllzugsanstalten, Berlin-Plötzensee

2002 Erweiterung des Vivantes Klinikums in Berlin-Friedrichshain

2001 Bürohaus Invalidenstraße 17, Berlin-Mitte

2000 Bürohaus Georgenstraße 23, Berlin-Mitte

1998 Kindertagesstätte, Berlin-Karow

HSH Hoyer Schindele Hirschmüller BDA Architektur

Thematischer Schwerpunkt der Arbeit von Hoyer Schindele Hirschmüller ist das Entwickeln räumlich überraschender Konzeptionen im verdichteten urbanen Kontext. Das Weiterschreiben der spezifischen Eigenarten der vorgefundenen Bausubstanz und Umgebung ist dabei Herausforderung und Programm.

Hoyer Schindele Hirschmüller's work focuses on the development of unexpected spatial concepts within consolidated urban contexts. Challenge and key-concept within their work lays thus on re-conceiving and re-writing the identity of found built fabric and their surroundings.

E-Werk, Berlin 2005

CSH 10 Waisenstraße, Berlin 2009

CSH 08 Gormannstraße, Berlin 2008

Kaufhaus Elkor, Riga 2007

HSH Architekten
Hoyer Schindele
Hirschmüller
Wolliner Straße 18/19
10435 Berlin
Tel.: 030/ 44 35 88 55
Fax: 030/ 44 35 88 57
office@hoyerundschindele.de
www.hoyerundschindele.de

Florian Hoyer
1986–1994 Studium an der TU Braunschweig, der Polytecnica Barcelona und der TU Berlin
1997 Gründung des Architekturbüros Hoyer und Schindele mit Harald Schindele

Harald Schindele
1988–1996 Studium an der TU Braunschweig und Stipendiat der Architectural Association, London

Markus Hirschmüller
1988–1995 Studium an der TU Braunschweig und der Universität Stuttgart
1996–1998 Masterstudium am Southern Californian Institute of Architecture in Los Angeles als DAAD-Stipendiat
seit 2004 Büropartner: Hoyer Schindele Hirschmüller

Profil
HSH sind spezialisiert auf die Neudefinition denkmalgeschützter Bausubstanz und die Entwicklung zukunftsweisender Raum- und Fassadenkonzepte im Wohnbereich.
In typologischen Projektreihen (CSH Case Study Houses, CSR Case Study Roofs und CSG Case Study Gaps) werden diese räumlichen Experimente fortlaufend weiterentwickelt.
Leistung: Alle Planungsphasen.

Referenzen (Auswahl)
Café Moskau
Sanierung und Umnutzung des „Café Moskau", 2009

E-Werk
Sanierung und Umstrukturierung des Abspannwerks „Buchhändler Hof", Mauerstraße 78–80 in Berlin, 2005

Kaufhaus Elkor
Kaufhausumbau in Riga, 2007

CSH 10
Neubau eines Mehrfamilienhauses, Waisenstraße 29/30 in Berlin, 2009

CSH 08
Neubau eines Mehrfamilienhauses, Gormannstraße 8/9 in Berlin, 2008

CSH 05
Sanierung und Neubau eines Wohn- und Geschäftshauses, Choriner Straße 20/21 in Berlin, 2002

CSH 03
Neubau eines Wohn- und Geschäftshauses, Auguststraße 62 in Berlin, 2001

CSR 02
Umbau eines denkmalgeschützten Wohn- und Geschäftshauses mit Dachgeschossausbau, Sophienstraße 5 in Berlin, 2008

Residenz M.
Wohn- und Ausstellungsgebäude in Berlin-Grunewald, 2009

Villa am Meer
Neubau an der Côte d'Azur in Frankreich, 2008

Höhmannstraße
Neubau einer Villa in Berlin, 2006

huber staudt architekten bda

Der besondere Ort zwischen hohen Waldkiefern ist das Programm des „Ambulanten OP-Zentrums" im Evangelischen Waldkrankenhaus Spandau, Berlin. Helle, lichte Räume und inszenierte Ausblicke auf die alten Bäume schaffen eine heitere einladende Atmosphäre.

The particular location amid the high pines is the program of the "Out Patient Operation Center" in the Evangelisches Waldkrankenhaus Spandau, Berlin. Bright, open spaces and staged views of the old trees create a cheerful, inviting atmosphere.

Gezielte Eingriffe in das Bestandsgebäude öffnen den Raum und erlauben Ausblicke.

Eine leicht geneigte Rampe empfängt den Patienten und begleitet ihn ins Gebäude.

85 **huber staudt** architekten bda
Kurfürstendamm 11
10719 Berlin
Tel.: 030/88 00 10 80
Fax: 030/88 00 10 99
info@huberstaudtarchitekten.de
www.huberstaudtarchitekten.de

1994 Bürogründung
2001 Mitgliedschaft BDA
2001 Mitgliedschaft AKG (Architekten für Krankenhausbau und Gesundheitswesen im BDA)

Christian Huber
1963 geboren in Straubing
1990 Diplom TU München
1987–1988 DAAD-Stipendium Polytechnic of the Southbank, London
1985–1986 Forschung, LS Baugeschichte, TU München
1988–1990 Foster Associates, London
1991–1993 RKS-Architekten, Berlin, Projektleitung Abgeordnetenhaus von Berlin
1994–1998 Wissenschaftlicher Mitarbeiter TU Berlin

Joachim Staudt
1962 geboren in Limburg/Lahn
1990 Diplom Universität Stuttgart
1987–1988 DAAD-Stipendium Polytechnic of the Southbank, London
1985–1986 Forschung, Prof. Frei Otto, Institut für leichte Flächentragwerke, Stuttgart
1988 David Chipperfield and Partners, London
1988–1990 Foster Associates, London
1992–1997 Wissenschaftlicher Mitarbeiter TU Berlin

Arbeitsschwerpunkte
Öffentliches Bauen
Krankenhaus-, Schul- und Hochschulbau
Bauen für Gewerbe und Industrie
Umbau von denkmalgeschützter Bausubstanz
Bauten für Gastronomie

Referenzen (Auswahl)
2006–2007 Blumen-Grundschule und Bernhard-Rose-Schule Berlin, Ökologische Fassadensanierung

2005–2006 Evangelisches Waldkrankenhaus Spandau, Berlin, Ambulantes OP-Zentrum, mit riedel architekten

1998–2008 Krankenhaus Hedwigshöhe Berlin, Neubau Psychiatrie, Neubau und Erweiterung Allgemeinkrankenhaus, mit M. Brullet und A. de Pineda, Barcelona

Wettbewerbserfolge (Auswahl)
2008
PTB Berlin, Umbau und Sanierung, Neubau MRT-Labor, 1. Preis
Zentrum für Psychiatrie Friedrichshafen, Neubau, 1. Preis

2005
Evangelisches Waldkrankenhaus Spandau, Berlin, Ambulantes OP-Zentrum, 1. Preis

2001
Hochtechnologiepark Jena, 2. Preis

Kaup + Wiegand Architekten BDA

Wohnen und Arbeiten
Die Impulse für unsere Projekte beziehen wir aus Überlegungen zum Wohnen. An unseren Häusern findet sich eine Vielzahl prototypischer Ansätze, bis ins Detail im Wechselspiel mit dem Freiraum herausgearbeitet und durch die Konstruktion doch nicht auf eine bestimmte Nutzung festgelegt.

Living and Working
The inspiration for our projects comes from reflecting on how we live. Our buildings display a diversity of architectural prototypes, developed in interaction with the open spaces and built no remain unspecified as to their ultimate use.

Loftwohnen in Berlin-Charlottenburg.

Gezielte Eingriffe in den Bestand in Kombination mit selbstbewusstem Weiterbauen schaffen ein Gleichgewicht zwischen Alt und Neu.

87 **Kaup + Wiegand Architekten BDA**
Ges. von Architekten mbH
Mommsenstraße 57
10629 Berlin
Tel.: 030/446 21 26
Fax: 030/446 26 39
info@kaupwiegand.de
www.kaupwiegand.de

Thomas Kaup MArch
Dipl.-Ing. Architekt BDA
1966 geboren in Erlangen
1985–87 Mathematikstudium Universität Tübingen
1987–91 Architekturstudium an der TU Berlin und am
1991–93 Mass. Institute of Technology, Cambridge MA
1991–01 Redaktionelle Mitarbeit bei Archplus, Ressortleitung Baufokus
1995–96 Mitarbeit im Büro Thomas Herzog+Partner
1996 Bürogründung Kaup + Wiegand Architekten
2000 Berufung in den Bund Deutscher Architekten
2005 Kaup + Wiegand Ges. von Architekten mbH
2006 Vorstand BDA Berlin

Kai Wiegand
Dipl.-Ing. Architekt BDA
1964 geboren in Hannover
1987–93 Architekturstudium an der TU Berlin
1993–95 Mitarbeit im Büro Nägeli + Vallebuona
1995–96 freier Architekt
1996 Bürogründung Kaup + Wiegand Architekten
2000 Berufung in den Bund Deutscher Architekten
2005 Kaup + Wiegand Ges. von Architekten mbH

Profil
Am unbebauten Ort wie im vorgefundenen Gebäudebestand Chancen aufzudecken schafft die Ausgangslage für Neues, das – über alle Bearbeitungsstufen entwickelt – schließlich zur maßgeschneiderten Umgebung wird.

Arbeitsschwerpunkt
Kultur- und Bildungsbauten
innovativer Wohnungsbau
anspruchsvolle Umbauten und Umnutzungen, auch unter Denkmalschutz,
städtebauliche Entwürfe

Referenzen (Auswahl)
Hackesche Höfe Filmtheater, modernes THX-Premierenkino mit 5 Sälen und Gastronomie im Denkmal, Berlin-Mitte

European College of Liberal Arts, Private Hochschule in 9 ehemaligen Typenbotschaften der DDR, Berlin-Pankow

Pferdezuchtanlage in der Schorfheide. Um- und Ausbau einer historischen Hofstelle zu einer modernen Landwirtschaft, Groß-Schönebeck

Mehrfamilienhaus Im Kamp Kleinmachnow bei Berlin

Stadtreparatur im barocken Grundriss, Neubau eines Mehrfamilienhauses Unterwallstraße, Bückeburg

Haus Vogelsang, Umbau eines Wohnhauses in Berlin-Dahlem, privat

Haus Pacelliallee, Umbau eines Wohnhauses in Berlin-Dahlem, privat

Wettbewerbserfolge (Auswahl)
Internationaler Realisierungswettbewerb Hauptgebäude Universität mit Haertwig, Sowa, v.Wolff Witten-Herdecke, 1. Preis

Internationaler städtebaulicher Realisierungswettbewerb Quartier mit 1400 Wohnungen in Hamm in Westfalen, 2. Preis

Jan Kleihues

Die von uns konzipierten Gebäude sind auf Dauer angelegt – Funktionsbezug und Alterungsfähigkeit sehen wir als Grundvoraussetzung für einen ökonomischen wie ökologischen Umgang mit vorhandenen Ressourcen. Entsprechend legen wir großen Wert auf die Wahl des Materials, die Detaillierung und die handwerkliche Qualität in der Ausführung.

The buildings we conceive are made to last – we see functionality and the ability to age as a basic requirement for an economical as well as ecologically sound use of existing resources. We attach corresponding value to the selection of materials, detail work and quality of craftsmanship in the execution.

Wohn- und Geschäftshaus Leipziger Platz 14, Berlin: Fassadendetail

Hotel Concorde, Berlin

Maritim Kongresshotel, Berlin

89 **Kleihues + Kleihues Gesellschaft von Architekten mbH**
Helmholtzstraße 42
10587 Berlin
Tel.: 030/39 97 79 0
Fax: 030/39 97 79 77
berlin@kleihues.com

Holsterbrink 12
48249 Dülmen-Rorup
Tel.: 02548/93 03 0
Fax: 02548/93 03 77
rorup@kleihues.com
www.kleihues.com

Jan Kleihues
17.03.1962 geboren in Berlin
1984–1989 Architekturstudium, Hochschule der Künste, Berlin (Diplom)
1988 Project architect im Büro von Prof. Peter Eisenman, New York
1989–1991 Mitarbeit im Büro von Prof. Daniel Libeskind, Berlin
1991–1992 Mitarbeit im Büro Prof. Rafael Moneo, Madrid
1992 Gründung des Büros „Jan Kleihues", Berlin
1993–1998 Kontaktarchitekt für Prof. Rafael Moneo, Madrid
1996 Berufung in den Bund Deutscher Architekten (BDA)
1996 Gründung des Büros Kleihues + Kleihues Gesellschaft von Architekten mbH, zusammen mit Prof. Josef P. Kleihues und Norbert Hensel
1999–2001 Mitglied des Bundespräsidiums des BDA
2001 Berufung in den Deutschen Werkbund
2002–2005 Sprecher des AKJAA des BDA
Seit 2006 Mitglied der Kommission für Stadtgestaltung der Landeshauptstadt München
2006–2008 Gastprofessur an der Technischen Fachhochschule Berlin
Seit 2008 Gastprofessur an der Universität Bologna, Facoltà di Architettura „Aldo Rossi", Cesena

Arbeitsschwerpunkte
Planung und Bauleitung von Hochbauten, Innenräumen und Freianlagen, Objektgestaltung, Generalplanung

Referenzen und Wettbewerbserfolge (Auswahl)
Museum für Arbeit und Industrie, Brescia/Italien, Jan Kleihues und Klaus Schuwerk, 2004, 1. Preis, Realisierung 2008–2010, BGF 15.000 m²

House of Finance, Campus Westend, Frankfurt/Main Jan Kleihues und Norbert Hensel, 2004, 1. Preis
2. Preis Hörsaalzentrum
3. Preis Anbau Casino
Realisierung: 2006–2008
BGF: 12.000 m²

Hotel Concorde Berlin, Realisierung 2002–2005, BGF 45.000 m²

Maritim Kongresshotel Berlin, 2000, 1. Preis, Realisierung: 2003–2005, BGF 65.000 m²

Neubau des Bundesnachrichtendienstes in Berlin, 2004, 1. Preis, Realisierung 2006–2011, BGF 250.000 m²

Kultur- und Kongresszentrum Regensburg, 2006, ein 1. Preis (Preisgruppe)

Historisches Museum am Römerberg, Frankfurt am Main, 2008, 2. Preis

Wertheim Areal, Leipziger Platz Berlin, Städtebaulicher Wettbewerb für einen Masterplan, 2008, 1. Preis, BGF 145.000 m²
Realisierung: ab 2009

Hotel-, Apartment-, Büro- und Retailkomplex Tower 69 in Tripolis, Libyen
Wettbewerb 2007, 1. Preis,
Realisierung: ab 2009

HOLGER KLEINE ARCHITEKTEN

Dramaturgien des Raums erforschen und erzeugen.

Research and generate the dramaturgy of the space.

Schreibhaus am Steinhuder Meer, 2002–2004

Schreibhaus

Deutsche Botschaft Warschau

91 **Holger Kleine Architekten**
Lützowstraße 102–104/
Aufgang C
10785 Berlin
Tel.: 030/25 35 89 30
Fax: 030/25 35 89 40
info@holgerkleinearchitekten.de
www.holgerkleinearchitekten.de

Dipl.-Ing. Holger Kleine
B. Arch., Architekt BDA
1962 geboren in Darmstadt
1981–1986 Studium der Architektur und der Musikwissenschaften an der TU Berlin
1986–1990 Studium der Architektur an der Cooper Union, New York
1990–1995 Mitarbeit bei Peter Eisenman, Georg Bumiller, Sauerbruch Hutton
1995–2000 Wissenschaftlicher Mitarbeiter am Fachgebiet Sauerbruch, TU Berlin
1999 Gründung des Büros Holger Kleine Architekten
2004–2008 Mitglied des Gestaltungsbeirats der Stadt Halle
2006 Stellvertretender Vorsitzender von EUROPAN Deutschland

Arbeitsschwerpunkte
Öffentliche Gebäude, Wohnhäuser, Bauen im Bestand, Städtebau, Innenraumgestaltung, Möbelentwurf

Referenzen (Auswahl)
2002–2009 Deutsche Botschaft Warschau

2006–2008 Haus Mogho, Berlin-Dahlem

2006–2008 Villa Dr. Andrzejczak, Warschau

2002–2004 Schreibhaus am Steinhuder Meer

2000–2001 La Fugue Enchantée, Paris

1999 Die Dreistimmige Wohnung

Wettbewerbserfolge (Auswahl)
2007
Goethe Institut Kairo, 2. Preis
500 Wohnungen ul. Boguslawskiego, Warschau, 2. Preis

2006
Topographie des Terrors, Engere Wahl

2004
Europan 6, Ankauf

2003
Schulerweiterung Clermont-Le-Fort, 2. Preis

kleyer.koblitz.architekten

„...und das ist die unglaubliche Kompliziertheit eines jeden Projektes. Bauen ist langsam, die Ereignisse sind schnell. Es erstaunt uns immer, dass wir als so herzlos angesehen werden. Dabei kann man gar nicht herzlos sein, wenn man diesen Beruf ausübt: Wir verbringen unglaublich viel Zeit damit, die Leute mit dem kleinsten Detail glücklich zu machen. Wir denken ständig an sie, auch wenn wir es nicht täglich sagen." (frei nach Rem)

"...and that is the unbelievable complexity of each project. Construction takes time, but life is quick. We are always amazed that we are seen as so heartless. But how can you be heartless, when you practice this profession: We spend an unbelievable amount of time to make people happy, even with the smallest detail. We are thinking about them constantly, even if we do not tell them every day." (freely adapted from Rem)

Forschungszentrum für Leichtbauwerkstoffe „Panta Rhei"

Südfassade Neuer Verbinder
Neubau und Sanierung Robert-Schlesier-Schule Calau

Treppenkaskade Neuer Verbinder

93 **kleyer.koblitz.architekten kleyer.koblitz.letzel. freivogel gesellschaft von architekten mbh**

Oranienstraße 25
10999 Berlin
Tel.: 030/695 80 86 60
Fax: 030/695 80 86 80
mail@kleyerkoblitz.de
www.kleyerkoblitz.de

Dipl.-Ing. Timm Kleyer
Architekt BDA
1964 geboren in Münster
1983–1990 Studium in Aachen, Berlin, Paris
1990–1999 Mitarbeit unter anderem bei Jean Nouvel, Paris und bei Heinle, Wischer und Partner, Berlin
1995–2001 Assistent an der Brandenburgischen Technischen Universität Cottbus bei Prof. Axel Oestreich
2000 Partnerschaft mit Alexander E. Koblitz, Berlin
2006 Gründung der kleyer.koblitz.letzel.freivogel gesellschaft von architekten mbh

Arbeitsschwerpunkte
Schulbauten
Instituts- und Forschungsgebäude
Umbauten und Sanierungen
Stadtplanung

Referenzen (Auswahl)
2006–2011 Laborgebäude für die Bundesanstalt für Materialprüfung und -forschung in Berlin-Adlershof (BAM)

2004–2008 Städtebauliche Planungen „Zentrum Falkensee"

2004–2010 Umbau und Sanierung der Robert-Schlesier-Schule, Calau

2003 Umbau eines ehemaligen Kinos zum BioSupermarkt BioLüske

2002 Landesbaupreis Brandenburg

2000–2002 Forschungszentrum für Leichtbauwerkstoffe „Panta Rhei" in Cottbus

Wettbewerbserfolge (Auswahl)
2008
Bürgerhaus in Vetschau
1. Preis

2007
Pückler-Gymnasium in Cottbus, 2. Preis

2006
Laborgebäude für die BAM in Berlin-Adlershof, 1. Preis

2004
Robert-Schlesier-Schule in Calau, 1. Preis
Städtebaulicher Ideenwettbewerb „Zentrum Falkensee", 1. Preis

2000
Grundschule mit Bürgertreff in München, Sonderankauf
Verbundschule in Rheine, 1. Preis

1998
Bahnhofsbereich in Burgsteinfurt, 1. Preis

Christian Koch

„Sind zu viele am Bau, so wird das Haus schief." (Chinesisches Sprichwort)
In den Häuserschluchten der Großstadt überlebt der freischaffende Architekt als Generalist. Qualifizierte Dichte, Umbau von Denkmälern, Fassadengestaltung, kurz: Die Weiterentwicklung der großen Stadt verlangt Beweglichkeit und persönliche Verantwortung.

"Too many builders make a crooked house." (Chinese proverb)
To survive in the building-canyons of the big city, the freelance architect has to be a generalist. Qualified density, renovating landmarks, façade renewal ... in short: being a part of a large city's development requires mobility and personal responsibility.

Savignyplatz 9/10 Berlin-Charlottenburg
Aufstockung und Umbau eines Baudenkmals aus den 50er Jahren

Rekonstruktion des Schoeler-Schlösschens
Wilhelmsaue 126
Ältestes Gebäude in Berlin-Wilmersdorf, Fertigstellung 2010

Littenstraße 105, Waisenstraße 3
Berlin-Mitte
Neubau eines Wohn- und Geschäftshauses

95 **Christian Koch**
Dipl.-Ing. Architekt BDA
Belziger Straße 44
10823 Berlin
Tel.: 030/313 60 13
Fax: 030/854 34 91
christian.koch@berlin.de
www.christian-koch-plus.de

Lebenslauf und Arbeitsschwerpunkte
21. März 1953 geboren in Ebingen/Württemberg
Seit 1959 in Berlin, verheiratet, drei Kinder

Seit 2000 verstärkt Projektentwicklung in Berlin, Umbau von Baudenkmälern, Wohnungs- und Hotelbauten, Vorbereitung des Internationalen Architekturkongresses UIA 2002 Berlin (Zukunft europäischer Großsiedlungen), Rekonstruktionsplanungen

1990–1999 Zunehmende Neubautätigkeit, Umgestaltung von Großsiedlungen, Erhaltungssatzung Spandauer Vorstadt in Berlin-Mitte, Gestaltelementekatalog Prenzlauer Berg, Berufung in den BDA, Wahl in den Landesvorstand

1980–1989 Praktische Tätigkeit als Architekt in Hamburg, Projektbearbeitung für die IBA 1984/87 in Berlin, Mitarbeit an der Denkmaltopografie Berlin, Spezialisierung der Bürotätigkeit auf den Umgang mit Baudenkmälern

Bis 1979 Diplom an der TU Berlin, Studium der Philosophie an der FU Berlin, Gründung eines eigenen Planungsbüros

Referenzen (Auswahl)
Baudenkmale
Berlin:
Uhlandstraße 172/174: Denkmalpflegerisches Konzept und Fassadenrekonstruktion

Potsdam: Am Kanal 4/5: Modernisierung und Dachausbau

Umbauten
Aufstockung: Lützowufer 1/ Genthiner Straße 2, Berlin-Tiergarten

Fassadengestaltung: Knesebeckstraße 32, Berlin-Charlottenburg

Neubauten
Berlin: Wilhelmsaue 12 A, Neubau eines Wohn- und Geschäftshauses

Potsdam: Stephenson-/ Anhaltstraße, Neubau eines Wohn- und Geschäftshauses

Hamburg: Rupertistraße 31 A, Neubau eines Einfamilienhauses

Großsiedlungen
Berlin: Köpenick, Neubau eines Einkaufszentrums und Fassadengestaltung der Allende-Siedlung

Berlin: Frankfurter Allee 172/4, Anbau eines Verwaltungsgebäudes an ein Wohnhochhaus

Brigitte Kochta

Vertrautem neu und Neuem mit Vertrauen begegnen

New things to be familiar, familarity to be new

Zentralverband des Deutschen Handwerks Berlin

Karl Branner Brücke Kassel

97 **Brigitte Kochta**

Prinzessinnenstraße 1
10969 Berlin
Tel.: 030/61 40 14 01
Fax: 030/61 40 14 02
brigittekochta@gmx.de
www.kochta.com

Dipl.-Ing. Brigitte Kochta
Architektin BDA
1980–1985 Studium an der Akademie der Bildenden Künste Wien
1985–1987 TU Berlin und Hochschule der Künste Berlin
1988–1989 DAAD/EASDE Zürich
Mitarbeit Büro O.M.A Rotterdam, Calatrava Valls Zürich
1990–1996 Büropartnerschaft mit H. Kochta, München
1997 Bürogründung Berlin

Arbeitsschwerpunkte
Projekte zur Synthese von Funktion und Eleganz

Referenzen (Auswahl)
2008 Straßenbrücke, Kaulsdorf

2004 Busbahnhof, Giesing

2003 Zentralverband des Deutschen Handwerks

2002 Albrecht Thaer Brücke, Berlin

2001 Karl Branner Brücke, Kassel

1999 Bauberufsgenossenschaft Dresden

1998 Seidlpost, München

Wettbewerbserfolge/ Auszeichnungen (Auswahl)
2004
Bahnhofsplatz Giesing, 1. Platz

2002
Deutscher Städtebaupreis, Sonderpreis

2000
Renault Traffic Design Award, Sonderpreis

2001
Deutscher Ingenieurbaupreis, engere Wahl
Vorbildliche Bauten Hessen, besondere Anerkennung

1997
Wiedergründung Unterneustadt Fuldabrücke Kassel, 1. Preis
Stadtzentrum Geretsried, 3. Preis

Jürgen König
Deubzer König Architekten

Am Anfang steht immer der Städtebau. Die Entwurfsarbeit führt stetig weiter bis ins Detail, bis die Einheit des Ganzen mit allen Teilen erreicht ist. Strenge Rationalität trifft auf spielerische Freiheit ... Raum für Poesie

As a starting point we always consider the urban context. The design process is developed rigorously up to the point of detailing, until the unity of all parts is achieved. Strict rationality meets freedom of play... in search of a poetics of space.

Sana Klinikum Lichtenberg

Biomedizinisches Forschungszentrum

Wohn- und Geschäftshaus Unter den Linden 74

99 **Deubzer König Architekten**

Knesebeckstraße 77
10623 Berlin
Tel.: 030/885 22 01
Fax: 030/885 22 05
mail@deubzerkoenigarchitekten.de
www.deubzerkoenigarchitekten.de

Dipl.-Ing. Jürgen König
Architekt BDA
1939 geboren in Duisburg
1966 Diplom an der TU Berlin
1967–1968 Mitarbeit im Büro Peter Poelzig
1968–1971 Forschungstätigkeit im Auftrag des Instituts für Krankenhausbau der TU Berlin
1972–1981 Mitarbeit im Büro J. P. Kleihues
1981–1987 Büro Kleihues und König, Planungsbüro für Bauten des Gesundheits- und Sozialwesens
Seit 1988 Deubzer König Architekten

Mitglied der Architektenkammer Berlin
Mitglied im Vorstand der Architektenkammer Berlin
Mitglied im BDA
Mitglied im Arbeitskreis Krankenhaus und Gesundheitswesen des BDA (AKG)

Büropartnerschaft mit Univ.-Prof. Hannelore Deubzer, Dipl.-Ing Architektin

assoziiert:
Stefan Robakowski, Dipl.-Ing. Architekt

Arbeitsschwerpunkte
Bauten für Forschung und Lehre, Bauten des Gesundheitswesens, Bürobauten, Gutachten/Machbarkeitsstudien

Referenzen/Projekte/Wettbewerbserfolge (Auswahl)

1996
Sana Klinikum Lichtenberg
Fanningerstraße 32, 10362 Berlin
Wettbewerb 1. Preis
Realisierung 2006–2007

2002
Biomedizinisches Forschungszentrum der Hansestadt Rostock und der Universität Rostock (BMFZ)
Schillingallee 68, 18057 Rostock
Realisierung 2004–2005

2000
Wohn- und Geschäftshaus Unter den Linden 74, 10117 Berlin
Wettbewerb 1. Preis
Realisierung 2000–2001

1994
Max-Planck-Institut für Infektionsbiologie/Deutsches Rheumaforschungszentrum Charité Campus Berlin-Mitte
Wettbewerb 1. Preis
Realisierung 1997–2000

1987
Forschungs-, Lehrgebäude und Fachbereichsbibliothek der Charité
Charité Campus Wedding, Berlin
Wettbewerb 1. Preis
Realisierung 1990–1995

1974
Städtisches Krankenhaus Berlin-Neukölln
(in Zusammenarbeit mit J. P. Kleihues)
Wettbewerb 1. Preis
Realisierung 1977–1985

nicht realisierte 1. Preise (Auswahl)

2003
Laborgebäude Universitätskliniken des Landeskrankenhauses Innsbruck

1995
Klinikum Berlin-Buch

1993
Landeskrankenhaus Merzig

1990
Roemer- und Pelizaeus-Museum Hildesheim

Swantje Kühn
Oliver Kühn

Architektur ist für uns die präzise Umsetzung der richtigen Idee für einen Ort. Jenseits formaler Festlegungen interessiert uns der Weg zum Ergebnis und das Überraschende der Lösung, deren einmal gefundenes Wesen sich in allen Details erkennen lässt.

Architecture is the precise realization of the right idea for a location. Beyond formal commitments we are interested in the path to results and the surprise of a solution, which once it has been discovered can be enjoyed in all its detail.

Hauptverwaltung Süddeutscher Verlag, München

Hauptverwaltung FANUC Robotics Deutschland, Stuttgart

Medienagentur PACT Home, München

01 **GKK+ Architekten Gesellschaft von Architekten mbH**
Pariser Straße 1
10719 Berlin
Tel.: 030/28 30 82 0
Fax: 030/28 30 82 53
info@gkk-architekten.de
www.gkk-architekten.de

Prof. Dipl.-Ing. Swantje Kühn
Architektin BDA
1964 geboren in München
1983 Bachelor of Arts an der Wesleyan Univ., Ill., USA
1986 Projekte für die GtZ, Malawi, Afrika
1989 Diplom der Architektur an der TU München
1989–1991 Architektin bei Richard Rogers Partnership, London
1991 Gründung des eigenen Architekturbüros in Berlin
1995 Berufung in den BDA
1998 DEUBAU-Preis
2002 Boardmember of Myongji University, Seoul, Korea
2003 Professur für Architekturtheorie und Entwurf an der Detmolder Schule für Architektur und Innenarchitektur
2006 Prodekanin für Architektur und Innenarchitektur
2006 Boardmember Firma Microsolar

Dipl.-Ing. Oliver Kühn
Architekt BDA
1962 geboren in Regensburg
1988 Diplom der Architektur an der TU München
1989 Werkplanung MUC II, Büro Weissenfeld, München
1989–1991 Architekt bei Richard Rogers Partnership, London
1991 Gründung des eigenen Architekturbüros in Berlin
1995 Berufung in den BDA
1998 DEUBAU-Preis
1999 Management-Studium und Diplom an der Universität St. Gallen, Schweiz
2003 Immobilien Award
2007 Vortragsreise Korea
2008 Vortragsreise China

Arbeitsschwerpunkte
Architektur und Generalplanung
Master Planning und Städtebau
Innenarchitektur und Produktentwicklung

Referenzen (Auswahl)
Neubau der Hauptverwaltung IBM Deutschland, Ehningen (Fertigstellung 2009)

Neubau ACCOR Novotel Flughafen München (Fertigstellung 2009)

Neubau der Hauptverwaltung GE FANUC, Biel, Schweiz (Fertigstellung 2009)

Neubau der Hauptverwaltung Süddeutscher Verlag, München (Fertigstellung 2008)

Neubau PACT Home, München (Fertigstellung 2007)

Ausstellungen (Auswahl)
„ready for take off", VII. Internationale Architekturbiennale (BIA) Sao Paulo, Brasilien, 2007
„Berlin/New York Dialogues", Center for Architecture, New York, USA, 2007
„Convertible City", X. Internationale Architekturbiennale Venedig, Italien, 2006

Lehrecke Architekten

Als Architekten in dritter Generation bauen wir für private wie für öffentliche Bauherren mit einem Schwerpunkt auf Kirchenbauten und Sozialbauten. In unserer Arbeit legen wir besonderen Wert auf die Einheit von Funktion, Form und Material wie auch auf den Bezug zum Ort.

As third generation architects we build for private and public sponsors, with a focus on church and community buildings. Our work stresses in particular the unity of function, form and material as well as the connection to the location.

Erweiterungsbau der Evangelischen Friedensgemeinde in Berlin-Charlottenburg

Museumsshop im Filmhaus SONY CENTER am Potsdamer Platz

Foyer Kino Arsenal im Filmhaus SONY CENTER am Potsdamer Platz

03 **Lehrecke Gesellschaft von Architekten mbH**
Lärchenweg 33
14055 Berlin
Tel.: 030/302 53 53
Fax: 030/302 92 91
lehrecke-architekten@lehrecke.com
www.lehrecke.com

Peter Lehrecke
1924 geboren in Dresden
1954 Diplom TU Berlin
Mitarbeit im Büro der Gebrüder Luckhardt
Seit 1955 freischaffender Architekt
1956–1961 wissenschaftlicher Mitarbeiter bei Prof. Peter Poelzig, TU Berlin
1967 Professor, Fachgebiet Gebäudekunde und Entwerfen, TU Berlin
Geschäftsführender Direktor des Instituts für Ausbau- und Innenraumplanung
Mitglied des Arbeitsausschusses für den Evangelischen Kirchbautag
1990 Emeritierung
Seit 1988 Bürogemeinschaft mit Jakob Lehrecke

Jakob Lehrecke
1959 geboren in Berlin
1977–1978 Studium Fine Arts Orlando, FLA
1985 Diplom TU Berlin
1985–1987 Mitarbeit bei Agrest und Gandelsonas, New York
Bernard Tschumi, New York
Seit 1988 Bürogemeinschaft mit Prof. Peter Lehrecke
1989 AKB Berlin
1989–1994 wissenschaftlicher Mitarbeiter TU Berlin

Arbeitsschwerpunkte
Kirchenbau
Schul- und Hochschulbau
Gewerbe- und Industriebau
Umbau und Sanierung von denkmalgeschützter Bausubstanz
Innenausbau
Wohnungsbau
Generalplanung

Referenzen (Auswahl)
2008 Evangelische Fachhochschule, Berlin-Zehlendorf, Umbau und Erweiterung

2007 Evangelisches Gemeindezentrum, Fichtenwalde

2006 Fernsehmuseum Sony Center, Berlin, Innenausbau (Entwurf Hans Dieter Schaal)

2005 Gemeindehaus der Evangelischen Friedenskirche, Berlin-Charlottenburg
Äthiopische Botschaft, Berlin-Steglitz, Erweiterung

Seit 2004 Umbau und Sanierung denkmalgeschützter Industriebauten Knorr Bremse, Berlin-Marzahn

2002 Sporthalle Erich-Kästner-Schule, Berlin-Zehlendorf

2001 Filmhaus Sony Center, Berlin, Innenausbau

2000 Wohn- und Geschäftshaus, Berlin-Mitte

1998 Erich-Kästner-Schule, Berlin-Zehlendorf, Erweiterung

Wettbewerbserfolge (Auswahl)
2007
Hofmolkerei Münchehofe, 1. Preis
Dienstleistungszentrum Knorr Bremse, Berlin-Marzahn, 1. Preis

2003
Erweiterungsbau Friedenskirche, Berlin-Charlottenburg, 1. Preis

Maedebach & Redeleit

In der Einheit von Planen und Bauen übernehmen wir Verantwortung für das Ganze: Hohe Funktionalität verbindet sich mit qualitätvoller Architektur. Für die Bedürfnisse unserer Auftraggeber entwickeln wir neue Lösungen, die wir technisch einwandfrei umsetzen und bis ins Detail gestalterisch verfolgen.

By uniting planning and building we assume responsibility for the whole: a high degree of functionality combined with high quality architecture. In order to meet our customers' needs, we develop new solutions that we implement with technical perfection and with attention paid to every design detail.

Erweiterung, Umbau und Sanierung Mensa und Rektoratsgebäude der Technischen Universität Dresden

Umbau einer denkmalgeschützten Stadtvilla zum Dienstsitz für Rektor und Kanzler der TU Dresden

Umbau einer Fabriketage zur Kindertagesstätte, Berlin-Neukölln

05 **Maedebach & Redeleit Architekten**

Düsseldorfer Straße 38
10707 Berlin
Telefon 030/881 90 60 - 0
Telefax 030/881 90 60 -18
Uhlandstraße 39
01069 Dresden
Telefon 0351/451 92 20
Telefax 0351/451 98 82
mail@maedebach-redeleit.de
www.maedebach-redeleit.de

Prof. Mario Maedebach
Dipl.-Ing. Architekt BDA
1949 geboren in Freiberg
Studium TU Berlin
1976 Diplom
Tätigkeit in der Bauindustrie und in Architekturbüros
1980–1984 Assistent TU Berlin
Seit 1980 Partnerschaft mit Werner Redeleit
1986 Rompreis „Villa Massimo"
1992–1996 Vorstandsmitglied BDA Berlin
1998 Professor für Baukonstruktion und Entwerfen an der Hochschule für Technik und Wirtschaft Dresden

Werner Redeleit
Dipl.-Ing. Architekt BDA
1949 geboren in Isernhagen bei Hannover
Studium TU Berlin
1975 Diplom
Tätigkeit in verschiedenen Architekturbüros
Seit 1980 Partnerschaft mit Mario Maedebach
Zertifizierung als Sicherheits- und Gesundheitsschutzkoordinator
1996–2002 Mitglied der Vertreterversammlung der Berliner Architektenkammer
Seit 1999 Mitglied im Ausschuss Gesetze und Verordnungen der Berliner Architektenkammer

Arbeitsschwerpunkte
öffentlicher Hochbau, Labor- und Institutsgebäude, Schulen, Mensen, Wohnungsbau, Bauen im Bestand
Leistungsspektrum: Beratung, Planung, Ausschreibung, Bauleitung, Generalplanung

Referenzen
2008 Sanierung eines denkmalgeschützten Institutsgebäudes der Humboldt-Universität, Berlin-Mitte

2007 Umbau von zwei Büroetagen für das Institut für Publizistik und Kommunikationswissenschaften der FU Berlin

2007 Neubau Mensa und Hortbereich Grundschule am Brandwerder, Berlin-Spandau

2007 Umbau einer Fabriketage zur Kindertagesstätte, Berlin-Neukölln

2006 Erweiterung, Umbau und Sanierung Mensa und Rektoratsgebäude der TU Dresden

2006 Erweiterung, Umbau und Sanierung eines Wohnhauses in Berlin-Dahlem

2006 Neubau Mensa und Umbau Hortbereich, Grundschule am Amalienhof, Berlin-Spandau

2006 Instandsetzung und Modernisierung einer Wohnanlage aus den 30er Jahren mit 80 Wohnungen, Berlin-Wilmersdorf

2005 Neubau Villen-Siedlung „Lubushkin Hutor" in Moskau, Russland

2005 Neubau eines Informationspavillons für die TU Dresden

2004 Teilsanierung und Neuordnung der Mensa am Wall in Greifswald

2003 Neubau Mehrfamilien-Wohnhaus, Niedstraße 38 in Berlin-Friedenau

2003 Umbau einer denkmalgeschützten Stadtvilla zum Dienstsitz für Rektor und Kanzler der TU Dresden

cc.mehlhose + thomas reinke

Farbe und Linie sind in unserer architektonischen Vorstellung grundlegende Eigentümlichkeiten. Beide für sich genommen sind durch Unterschiede bestimmbar, niemals unbedingt, immer nur in Beziehung zu ihrem Umfeld. In diesem Sinne arbeiten wir an den Relationen zwischen den Dingen und wenden unseren Blick dem Zwischenraum zu.

Colour and line are in our architectural imagination constitutive particularities. Taken by itself both are defined through difference, never absolute, always in relation to its setting. In this sense we are working on the relations between things and cast our glance at the space in-between.

07 **Studio**
Mulackstraße 25
10119 Berlin
kontakt@ccmehlhose.net

Dipl.-Ing. Architektur
Christina Mehlhose
a. o. Mitglied BDA Berlin
2000 Diplom Architektur, Hochschule der Künste, Berlin
2004 Partnerschaft mit Thomas Reinke, Dipl. Arch. MA, Architekt

Arbeitsschwerpunkte
Gestaltungen im Innen- und Außenbereich mit konzeptionellem Schwerpunkt Farbe und Material, Entwurfs- und Ausführungsplanung

Referenzen
Um- und Neubauten im Privatbereich

Farbgestaltungen im Privat- und Geschäftsbereich sowie Schulen

Auszeichnungen
2005
Bauwelt Preis, lobende Erwähnung

2004
Hans Schaefers Preis, Auszeichnung

2003
Deutscher Fassadenpreis, Brillux, 1. Preis

architekturbüro
meyer große hebestreit sommerer

Architektur interessiert und verbindet uns als konkrete Arbeit in Verantwortung für die Stadt und die soziale Dimension der Gesellschaft.
Grundlage ist eine moderne Sicht, die Geschichte als einen heterogenen Prozess impliziert, jüngere Entwicklungen und regionale Besonderheiten aufgreift und auf ihre Wertigkeit für Gegenwart und Zukunft untersucht.

Architecture interests and bonds us as a concrete contribution to the city and the social dimension of society.
The starting point is a modern view, which implies history as a heterogeneous process, picking up on current developments and regional features and investigating their value for the present and future.

Kindertagesstätte Gryphiusstraße 34/35, Berlin

Kindertagesstätte Gleimstraße 46/47, Berlin

09 **architekturbüro meyer große hebestreit sommerer**

Greifswalder Straße 9
10405 Berlin
Tel.: 030/42 80 26 70
Fax: 030/42 80 26 72
architekten@mghs.de

Peter Meyer
Architekt DASL

Jan Große
Architekt BDA
1963 geboren in Dresden
1986 Diplom am Rostower Bauingenieurinstitut Rostow/Don, UdSSR
1986–1987 Architekt im Büro für Städtebau Suhl
1987–1990 Architekt im BMK IHB Berlin
1990 Bürogründung mit MHS
Seit 1998 Seminare „Städtebaulicher Entwurf" am Institut für Städtebau der DASL, Berlin

Wolfgang Hebestreit
Architekt

Andreas Sommerer
Architekt BDA
1952 in Weimar geboren
1979 Diplom an der HAB Weimar, Fachrichtung Städtebau
1979–1981 Städtebauer Aufbauleitung Berlin
1981–1990 Architekt im BMK IHB Berlin
1990 Bürogründung mit MGH
Seit 1996 Seminare „Städtebaulicher Entwurf" am Institut für Städtebau der DASL, Berlin

Arbeitsschwerpunkte
Öffentliche Bauten, Wohnungsbauten, Umbauten, Bauen in denkmalgeschützter Substanz, kirchliche Bauten, Städtebauliche Projekte

Referenzen (Auswahl)
Bauten
2007 Kindertagesstätte Gryphiusstraße, Berlin

2006 Kindertagesstätte Gleimstraße, Berlin

2002 Wohn- und Geschäftshaus Habersaathstraße, Berlin

1999 Wohnhäuser Mulackstraße, Steinstraße, Berlin

1996 Wohnhäuser Stillerzeile, Berlin

1992 Katholische Kirche Kleinmachnow bei Berlin

1986 Wohn- und Geschäftshaus Friedrichstraße 56, Berlin

Städtebau
2002 Städtebauliches Gutachten Leitbild Spreeraum, Berlin

1999 Wohngebiet Karl-Marx-Allee II, Co-Gutachten zum Planwerk Innenstadt, Berlin

Wettbewerbserfolge
2008
Bürgerzentrum Herzberg/Elster, 1. Preis

2007
Kindertagesstätte Elisabethkirchstraße, Berlin, 1. Preis

2006
Saalgebäude Grundschule am Traveplatz, Berlin, 1. Preis

2002
Zionskirche, Berlin-Mitte, 1. Preis

1996
Konzerthalle Marienkirche Neubrandenburg, 3. Preis

1997
Regionalmuseum Neubrandenburg, Franziskanerkloster, 2. Preis

1995
Insel Neu-Fahrland bei Potsdam, 1. Preis

Georg-P. Mügge

Die Schaffung lebenswerten Raums in selbstverständlicher Gestalt aus komplexen Nutzungsanforderungen, unter sensiblem Eingehen auf den Geist des Ortes, am Haus wie an der Stadt.

Creation of liveable space in self-evident design from complex use demands, with sensitivity to the spirit of the place, be it a house or a city.

Neubau Wohnanlage Im Domstift 47–55, Lichtenrade, 1998

Erweiterung und Sanierung OSZ Handel II,
Marzahner Chaussee 231, 2004

Neubau Kindertagesstätte
Lichtenrader Damm 190, Tempelhof, 1997

11 **Georg-P. Mügge**
Büro für Architektur und Stadtplanung
Dernburgstraße 55
14057 Berlin
Tel.: 030/322 63 62
Fax: 030/74 75 04 89
www.architekturbuero-muegge.de

Georg-P. Mügge
Dipl.-Ing. HBK
Architekt BDA
Jahrgang 1943
Studium der Architektur an der Hochschule der Künste Berlin
1970 Bürogründung
Seit 1989 Architekturbüro Mügge

Arbeitsschwerpunkte
Planung und Baudurchführung
Objektplanung für kommunale und kirchliche Träger:
Schulbau, Sportstättenbau
Kindertagesstätten, Kinderheime
Aus- und Fortbildungsstätten
Verwaltungseinrichtungen
Objektplanung
Wohnungsbau:
Geschosswohnungsbau
Sonderwohnformen, Heime
Altenwohnstätten
Stadt- und Siedlungsplanung:
Stadtentwicklung/-erweiterung
Stadtteil-/Siedlungsverdichtung

Bauen im Bestand:
Umbauten und Sanierungen

Referenzen/ Wettbewerbserfolge (Auswahl)
Preise/Auszeichnungen
1972
Schinkelpreis für Hochbau für „Haus der Erziehung"

Wettbewerbe gebaut:
1995
Stadthaus am Park, Bornstedter Feld, Potsdam, 3. Preis

1990
Wohnhöfe am Triftpark Wittenau, 2. Preis

1988
Wohnbauten am Charlottenburger Ufer, 2. Preis

1980
Stadtvillen am Jüdischen Museum, 2. Preis

1978
Conrad-Grundschule Wannsee, 1. Preis

1977
Gartensiedlung Lichtenrader Damm, 1. Preis

Wettbewerbe
2004
Gartensiedlung Marienhain, Köpenick, 1. Platz

1993
Schule für geistig Behinderte, Prenzlauer Berg, 2. Preis

1992
Stadterweiterung Buch IV, Pankow, 2. Preis

Realisierungen
2008 Mensa-Pavillon Joh.-Tews-Grundschule, Zehlendorf
2006 Komplettsanierung Denkmal Finanzamt Schöneberg
2001 Kindertagesstätte im Musikerviertel, Teltow
2000 42 kostensparende Familienheime, Hohen Neuendorf, Schönow, Malchow
1995 2 Stadtvillen Maximilian-Kaller-Straße, Marienfelde
1990 Polizeiabschnitt 47 Lichtenrader Damm, Tempelhof
1986 Kindertagesstätte Weserstraße, Neukölln

NÄGELIARCHITEKTEN

„Architektur ist diejenige von allen Künsten, welche am wenigsten nach dem beurteilt werden kann, was sich dem Auge unmittelbar präsentiert ..." (B. Lubetkin 1954)
Mit zunehmendem Abstand zur Moderne werden wir Architekten freier im Gestalten. Das Entwerfen im gegenwärtigen „eklektischen Zeitalter" stellt eine besondere Herausforderung für uns dar.

"Of all the arts architecture is the one which can least be judged by what immediately meets the eye ..." (B. Lubetkin 1954)
As architects, with increasing distance to the Modern, we become freer in design. Design in this present "eclectic age" poses a special challenge for us.

Hausvogteiplatz
Wohn- und Geschäftshaus Hausvogteiplatz 14 in Berlin

Erweiterung Bauhaus-Archiv Berlin

13 **NÄGELIARCHITEKTEN**

Lychenerstraße 43
10437 Berlin
Tel.: 030/61 60 97 12
Fax: 030/61 60 97 14
buero@naegeliarchitekten.de
www.naegeliarchitekten.de

Prof. Dipl.-Arch. (ETH), BDA
Walter Nägeli
Seit 1997 Büro NÄGELIARCHITEKTEN
Partnerschaft mit Gudrun Sack Dipl.-Ing. Architektin
1987–1992 Projektpartnerschaft mit James Stirling und Michael Wilford
Seit 1993 Büro in Berlin
1979–1986 Mitarbeit im Büro von James Stirling, Michael Wilford and Associates, London und Berlin
1972–1978 Studium an der ETH Zürich

Lehrtätigkeiten:

Seit 1994 Ordentlicher Professor für Bauplanung und Entwerfen, Universität Karlsruhe (KIT, Karlsruhe Institute of Technology)
Visiting Professor an der Graduate School of Design, Harvard University (1992 und 1994), Cambridge University, Cambridge
Architectural Association School, London

Arbeitsschwerpunkte
Gebäudeplanung, Projektentwicklung, städtebauliche Planungen, Ausstellungsdesign, Produktdesign, Baugruppen

Referenzen (Auswahl)
2008 Wohn- und Geschäftshaus am Hausvogteiplatz, Berlin (in Planung)
Stadthaus, Berlin-Schmargendorf

2007 Büro- und Geschäftshaus Marktplatz Wellingsbüttel, Hamburg
Giebelhäuser, Berlin-Frohnau

2006 Haus Reinhardt, Mannheim

2005 Innenausbauten, Leitsystem, FEZ, Berlin-Wuhlheide
Ausstellungsdesign „Egon Eiermann", Karlsruhe, Berlin, Nürnberg

2004 Waldhäuser, Berlin-Frohnau

2002 Garteneinbauten Haus Delphin, Zürich

2001 Wohn- und Geschäftshaus „Ly 43" (mit Sascha Zander), Berlin

1993 Fabrik für B. Braun Melsungen AG (mit James Stirling und Michael Wilford), Melsungen

Wettbewerbserfolge
2007
Investorenauswahlverfahren Hausvogteiplatz, Berlin, zur Realisierung empfohlen

2006
Seniorengerechtes Wohnen HafenCity, Hamburg, ein 1. Preis

2002
Möbelhaus Krieger, Berlin
2. Preis

1997
Krankenhaus in Bremen, 2. Preis

1996
Deutsche Bank Standort Eschborn, Eschborn, ein 1. Preis

1995
Krankenhaus, Berlin-Buch, 3. Preis
Bundesarbeitsgericht, Erfurt, 5. Preis und Überarbeitung

Numrich Albrecht Klumpp Gesellschaft von Architekten mbH

Unser aktuelles Projekt, das Aus- und Fortbildungszentrum in Königs Wusterhausen, zeigt exemplarisch unsere architektonische Grundhaltung und Ausdrucksweise.
In Königs Wusterhausen sind die Aus- und Fortbildungseinrichtungen der Ministerien der Finanzen, der Justiz und des Inneren des Landes Brandenburg auf einer Liegenschaft zusammengeführt. Es galt die vorhandene Liegenschaft neu zu organisieren, zu sanieren und mit zwei neuen Lehrsaalgebäuden (Hörsaal- und Seminargebäude) zu ergänzen.

Our current project, the training and continuing education centre in Königs Wusterhausen, shows in exemplary fashion our basic architectonic attitude and mode of expression.
In Königs Wusterhausen the training and continuing education facilities for the ministries of finance, justice and the interior of Brandenburg have been consolidated on one piece of property. The task was to re-organize and renovate the existing property, and expand it by two new lecture buildings (an auditorium and a seminar building).

Hörsaalgebäude

Seminargebäude

Foyer Seminargebäude

5 **Numrich Albrecht Klumpp Gesellschaft von Architekten mbH**
Kohlfurter Straße 41–43
10999 Berlin
Tel.: 030/ 616 76 92 0
Fax: 030/ 616 76 92 30
info@nak-architekten.de
www.nak-architekten.de

Arthur Numrich

Werner Albrecht
Dipl.-Ing. Architekt BDA
1947 geboren in Nürnberg
Diplom Hochschule der Künste Berlin
1974–81 Mitarbeit im Atelier Prof. Poelzig
1982 Gründung des Architekturbüros Numrich + Albrecht mit Arthur Numrich
2000 Numrich Albrecht Klumpp, Partnerschaft mit Timo Klumpp

Timo Klumpp

Arbeitsschwerpunkte
Bauten des Gesundheitswesens, Bauten für Wissenschaft, Lehre und Forschung und Sport
Bauen im Bestand

Referenzen/ Wettbewerbserfolge
2008
Erweiterung und Instandsetzung Schule Tegelweg, Hamburg, 1. Preis, 2008
Klinikum Hellersdorf, Neubau Psychiatrie und Somatik, Berlin-Hellersdorf, 3. Preis
Kopernikus Oberschule, Berlin-Steglitz/-Zehlendorf, Ankauf

2007
Werkstatt für behinderte Menschen, Berlin-Zehlendorf, 1. Preis
Neubau einer Werkstätte für behinderte Menschen, Lorsch, 2. Preis

2006
Erweiterung Gymnasium, Insel Scharfenberg, Berlin-Reinickendorf, 1. Preis
Neubau Laborgebäude für Verfahrenstechnik, Universität Magdeburg, 3. Preis

2004
Am Neumarkttor, Jüterbog, 1. Preis

2003
Schulzentrum Messestadt Ost mit 3-Feld-Sporthalle, München-Riem, Ankauf

2002
Neubau Informatik, Technische Universität Dresden, Ankauf
Bahnhofsviertel, Leutkirch im Allgäu, 4. Preis
Hessischer Landtag, Plenarsaalgebäude, Wiesbaden, Ankauf
Förderschule mit 3-Feld-Sporthalle, Pulling (Stadt Freising), 3. Preis

Roland Poppensieker

Grundlegend in der Arbeit sind die originär architektonischen Kategorien Masse und Raum, Licht, Weg, Konstruktion und Funktion. Darüber hinaus können Bedeutung, Bild und Markenbildung zu einem Erkenntnisgewinn und (nicht nur) ideellen Mehrwert beitragen.

Fundamental to the work are the original architectonic categories of mass and space, light, circulation, construction, and function. Above and beyond that, meaning, image, and brand formation can contribute to a cognitive gain and (not only) ideal added value.

Hotel der Erinnerung, Gedenkstätte Gestapolager Neue Bremm, Saarbrücken, Billboard mit historischer Lageransicht

Leuchtschriftband

Blick zum Bajonett (Gedenkstätte von 1947)

17 **Roland Poppensieker**
Architekt BDA
Schulenburgring 130
12101 Berlin
Tel.: 030/29 35 07 89
Fax: 030/66 76 32 89
mail@rolandpoppensieker.de
www.rolandpoppensieker.de

1961 geboren in Düsseldorf
1981–1990 Architekturstudium TU Braunschweig und TU Berlin, Diplom
1987–1997 Mitarbeit in Architekturbüros in Berlin und New York
Seit 1994 selbstständige Büro- und Wettbewerbstätigkeit, Projektpartnerschaften mit Louis Finsterer, Nils Ballhausen und Johannes Schulze Icking
1997–2005 Lehrtätigkeit als wissenschaftlicher Mitarbeiter, TU Berlin, Institut für Entwerfen, Baukonstruktion und Gebäudekunde
2002–2006 Poppensieker & Schulze Icking Gesellschaft von Architekten mbH (P&SI)
2003–2004 wissenschaftlicher Beirat des Interreg IIIB-Projektes „Flächenmanagement am Finowkanal unter besonderer Berücksichtigung altindustrieller Brachflächen"
2005–2006 Auswahl für die 56. Internationalen Filmfestspiele Berlin, Berater für Kurzfilme
2007–2009 Lehrtätigkeit als wissenschaftlicher Mitarbeiter, TU Berlin, Institut für Architektur

Referenzen (Auswahl)
2008 la última casa, Grabmal F.C. Gundlach An den Mausoleen Parkfriedhof Ohlsdorf, Hamburg, Lph. 1–8

2004 Architekturpreis des Bundes Deutscher Architekten BDA Saar

2004 Südliche Metzer Straße, Städtebauliche Studie im Auftrag des Stadtplanungsamtes Saarbrücken, P&SI

2004 Neugestaltung der Gedenkstätte Gestapolager Neue Bremm, Saarbrücken, P&SI, Lph. 1–5 und Künstl. Oberleitung

2002 „africa apart", Ausstellungsarchitektur, Neue Gesellschaft für bildende Kunst e.V., Berlin, mit Schulze Icking

Wettbewerbserfolge (Auswahl)
„Neugestaltung der Gedenkstätte Gestapolager Neue Bremm", Saarbrücken, Ideenwettbewerb, mit Ballhausen, 2. Preisgruppe, nach Überarbeitung 1. Rang

„Über die Lust an der Verschwendung", Ideenwettbewerb um die Teilnahme an den „Temporären Gärten 2001", Einladung zur Teilnahme

„Rietzschketal, Stadt Rötha", Eingeladener Realisierungswettbewerb, mit Finsterer, 2. Preis und einstimmige Empfehlung des Preisgerichts zur Realisierung des Baugebiets am See

„Rietzschketal, Stadt Rötha", Städtebaulicher Ideenwettbewerb, mit Finsterer, Ankauf

Quick Bäckmann Quick + Partner

In Anlehnung an beste Architekturtraditionen versucht unser Büro mit Klarheit in der Formensprache, Sorgfalt in der Materialwahl und Präzision im Detail den Anforderungen der jeweiligen Aufgabe gerecht zu werden.

In the manner of the best architectural traditions, our firm tries to measure up to the demands of each task with clarity in the design vocabulary, care in the selection of materials and precision in the details.

Wohnbebauung am Großen Wannsee in Berlin – „Kollektives Wohnen für Individualisten"

Neugestaltung Willy-Brandt-Platz in Hamm – ausgezeichnet mit dem Renault traffic design award

Gartenstadt Falkenberg – Neuinterpretation des Gartenstadtgedankens

19 **Quick Bäckmann Quick + Partner**
Kaiserstraße 24
14109 Berlin-Wannsee
Tel.: 030/805 85 70
Fax: 030/80 58 57 10
qbq@qbq-architekten.de
www.qbq-architekten.de

Susanne Quick
Architektin BDA
1958 geboren in Dortmund
1978–1984
Studium TU Berlin

Michael Bäckmann
Architekt BDA
1950 geboren in Kiel
1968–1973
Studium TU Berlin

Seit 1986 Quick Bäckmann Quick Architekten BDA, Berlin

Partner seit 2001:

Henner Rolvien
Architekt

Arbeitsschwerpunkte
Wohnbauten
Büro- und Geschäftsgebäude
Verkehrsbauten
Öffentliche Plätze

Referenzen/ Wettbewerbserfolge (Auswahl)
2007–2008
Wohnbebauung auf dem ehemaligen Schlachthofgelände, Berlin-Prenzlauer Berg

2006–2007
Seniorenzentrum St. Teresa, Berlin-Tempelhof

2004
Wohnanlage „Am Großen Wannsee", Berlin-Wannsee

2000–2004
Gartenstadt Falkenberg, Berlin-Treptow
1. Preis 1993

1999
Neugestaltung Bahnhofsvorplatz Bremen
1. Preis 1995

1998
Neugestaltung „Willy-Brandt-Platz", Hamm,
1. Preis
Auszeichnung: Renault traffic design award 2000

1995
Oberstufenzentrum für Kfz-Technik, Berlin-Charlottenburg
Kaiser-Friedrich-Straße,
1. Preis 1989

1994
Gymnasium Bernau
Geschäftshaus „Galleria", Berlin-Steglitz

1993
Neugestaltung Bahnhofsumfeld Oberhausen
IBA Emscherpark,
1. Preis 1989

ReimarHerbst.Architekten BDA
Reimar Herbst / Angelika Kunkler

Von Hauptbahnhof Berlin nach Oberstufenzentrum,
Gustav-Adolf-Str. 66, Berlin-Weißensee

S-Bahn nach Alexanderplatz Bhf, weiter mit Tram M2 nach Prenzlauer Allee, umsteigen in Bus 156 nach Gustav-Adolf-Str./Amalienstr., 100m Fußweg bis zum Oberstufenzentrum.

From Berlin Hauptbahnhof to the Oberstufenzentrum,
Gustav-Adolf-Straße 66, Berlin-Weißensee

Take the S-Bahn to Alexanderplatz station, transfer to the M2 tram to Prenzlauer Allee, transfer there to the 156 Bus to Gustav-Adolf-Straße/ Amalienstraße, and walk 100 meters to the Oberstufenzentrum.

Oberstufenzentrum Bautechnik II / Holztechnik in Berlin-Weißensee.
Alle Außenfassaden vom Schulhaus und vom Laborhaus wurden mit orange-bunten Klinkern bekleidet, die Fassadenöffnungen mit klar lackierten Holzfenstern sind von breit auskragenden hellbraun-grünlichen Betonelementen gerahmt, deren Oberflächen gesandstrahlt wurden.

Oberstufenzentrum Bautechnik II / Holztechnik in Berlin-Weißensee.
Der Innenhof des Schulhauses hat eine Fassade aus Lärchenholz erhalten.

21 **ReimarHerbst.Architekten**

Reimar Herbst/
Angelika Kunkler
Oranienstraße 183
10999 Berlin
Tel.: +49-30-61 65 66 67
Fax: +49-030-61 65 66 69
mail@reimarherbstarchitekten.de
www.reimarherbstarchitekten.de

Dipl.-Ing. Reimar Herbst
Architekt BDA
1959 geboren in
Bremerhaven
1981–1987
Studium in Hamburg
1989
Architektenkammer Berlin
1993
Bürogründung in Berlin
1993–1997
Herbst und Lang
1996
Berufung in den BDA
seit 1996
Vorträge und Gastkritiken
seit 1997
ReimarHerbst.Architekten
seit 2001
Büropartnerschaft
mit Angelika Kunkler

Referenzen (Auswahl)
2008
Oberstufenzentrum
Bautechnik/Holztechnik
Berlin

2007
Stadtverwaltung, Weimar

2006
Bibliothek HTW, Dresden

2002
Umbau Wohnhaus, Kanzem

2001
Umnutzung Bürohochhaus
Unilever, Hamburg

2001
Wohnhaus, Stade

2000
Gründerzeitwohnung, Berlin

1999
Städtebauliche Planung
Schöneberger Kreuz, Berlin

1995
Umbau Wohn- und
Geschäftshaus, Berlin

Wettbewerbserfolge
2008
Technikum HTW,
Saarbrücken, 1. Preis

2007
Kultur-/Bildungszentrum
Hamm, Ankauf

Demenzhaus
Konstanz, Ankauf

2004
Oberstufenzentrum
Bautechnik/Holztechnik
Berlin, 1. Preis

2002
Hochschulbibliothek
Dresden, 1. Preis

2001
Otto-Hahn-Oberschule
Berlin, 2. Preis

1999
Stadtverwaltung
Weimar, 1. Preis

1998
Grundschule Biesdorf-Süd
Berlin, 1. Preis

1997
Seniorenzentrum,
Sangerhausen, 3. Preis

1996
Jugendherberge
Konstanz, 2. Preis

1995
Paradiessiedlung
Biesdorf-Süd
Berlin, 1. Preis

1994
Schöneberger Kreuz
Berlin, 1. Preis

Schulanlage
Berlin-Steglitz, 4. Preis

1993
Kindertagesstätte
Berlin, 3. Preis

Auszeichnungen
2007
Architekturpreis BDA
Sachsen – Anerkennung

2003
BHU – Bundespreis

Walter Rolfes Architekten BDA

Die Kriterien für die angemessene architektonische Form und innere Raumstruktur unserer Gebäude entwickeln sich nach gründlichem Studium deren zukünftiger Bestimmung und der ökonomischen Gegebenheiten maßgeblich aus einer eingehenden Analyse der Besonderheit des Ortes und seines landschaftlichen, räumlichen und historischen Kontextes.

After thorough study of their future identification and the economic conditions we definitively develop the criteria for the appropriate architectonic form and inner spatial structure of our buildings from an extensive analysis of what is special about the location and its landscape, spatial and historical context.

„FORUM“ Besucherzentrum der Stiftung Seebüll Ada und Emil Nolde 2003–2007

12.

„KONTOR" Depotgebäude der Stiftung Seebüll Ada und Emil Nolde 2003–2007

123 **Walter Rolfes Architekten BDA**
Gesellschaft von Architekten mbH
Pariser Straße 44
10707 Berlin
Tel.: 030/88 45 07 0
Fax: 030/88 45 07 12
info@walterrolfespartner.de
www.walterrolfespartner.de

Walter Rolfes *1943
1969 Diplom TH Darmstadt
1970 Studium an der AA School of Architecture London
1971–72 Bürotätigkeit in Frankfurt/Main

1973 selbstständig in Berlin

1975–1993 Ganz+Rolfes Architekten BDA
1994
Walter Rolfes+Partner
Partner Klaus Deterding

1989–90 im Beirat für Stadtgestaltung des Senats von Berlin
seit 1985 zahlreiche Preisrichtertätigkeit

Auszeichnungen

2007 BDA-Preis Schleswig-Holstein

1998 Auszeichnung des Packhausensembles in Holtenau durch die Stadt Kiel

1989 Architektur-Preis Berlin

Anerkennung – Mies van der Rohe Preis

1988 Architektur-Preis der Stadt Spandau

1987 Architectural Design Award – London

Projekte/Auswahl
2003–2007
Neuordnung von Seebüll
Nolde Museum Seebüll

1995–2001 Phönix Gründerzentrum Gewerbepark am Borsigturm Berlin-Tegel

1990–2001
Focus Teleport Berlin
Büro- und Gewerbekomplex

1997–1999
Zentrum Hellersdorf / Block 2
Wohn- und Geschäftshaus

1991–1996
Japan-Center-Taunustor
Frankfurt/Main

1989–1996
Kita Wissmannstraße
Berlin-Neukölln

1991–1998
Kita Mariendorfer Damm
Berlin-Tempelhof

1990–1994
Diakoniezentrum Salzburg
Krankenhaus und Altenheim

Wettbewerbe/Auswahl

2005
Förde-Quartier Kiel-Holtenau, 1. Preis

2002
Wettbewerb Bahnstadt, Heidelberg, 3. Preis

2000
HafenCampus Hamburg-Harburg, 1. Preis

1998
Realisierungswettbewerb Isarnho-Gymnasium in Gettorf, 3. Preis
Wettbewerb Abteilung Psychiatrie
Städtisches Krankenhaus, Kiel, 1. Preis

1994
Max-Planck-Institut Charité Berlin, 4. Preis
Medizinische Fakultät der Otto-von-Guericke-Universität Magdeburg, 3. Preis
Gewerbepark am Borsigturm/Berlin-Tegel, 2. Preis
Teleport Messedamm Berlin-Charlottenburg, 1. Preis

Carola Schäfers Architekten BDA

Unsere Architektur reagiert auf Orte und deren Charakter; durch Stellung und Organisation der Baukörper entstehen neue Orte, die mit Haus-Objekten besetzt werden. Charakteristisch für unsere Bauten sind die Textur der Oberflächen und kontrastierenden Materialien sowie die den Entwurf unterstützenden Farbkonzepte.

Our architecture responds to places and their character; by the positioning and organisation of the structural shell new places emerge, which are occupied by house-objects. Our buildings are noted for the texture of their surfaces and contrasting materials as well as the design of the supporting colour concepts.

Mary-Poppins-Grundschule, Berlin-Gatow

Mehrfamilienhaus Pulvermühle

Foyer Mensa II, FU Berlin

125 **Carola Schäfers Architekten BDA**

Bundesallee 19
10717 Berlin
Tel.: 030/886 77 866
Fax: 030/886 77 868
info@csa-berlin.de
www.csa-berlin.de

Carola Schäfers
1952 geboren in Cloppenburg
1976 Diplom FH, Fachhochschule Oldenburg
1980 Diplom an der Technischen Universität Hannover
1985–1990 Wissenschaftliche Mitarbeiterin TU Berlin
1984–1990 Büropartnerschaft mit Andreas Wolf
seit 1990 Carola Schäfers Architekten BDA
2006 Vorstandsmitglied BDA LV Berlin

Arbeitsschwerpunkte
Planung und Bauleitung aus einer Hand,
Neubau, Umbau, Sanierung und Innenausbau von öffentlichen Gebäuden sowie Wohn-, Geschäfts- und Gewerbebauten
Farb- und Innenraumgestaltung

Referenzen (Auswahl)
Forschungskolleg Theaterwissenschaft der Freien Universität Berlin

Königl. Gartenakademie, Berlin-Dahlem

Werkhalle, Paul Hettich GmbH Berlin

Neubau und Sanierung eines Einfamilienhauses

Foyer Mensa II, FU Berlin

Seminarzentrum, FU Berlin

Aveda Institute, Berlin Kurfürstendamm

Cafeteria FB Wirtschaftswissenschaften, FU Berlin

Kindertagesstätte, Berlin-Marzahn

Grundschule mit Dreifachsporthalle, Berlin-Gatow

Wohn- und Geschäftshaus, Berlin-Prenzlauer Berg

Mehrfamilienhaus Pulvermühle

Kindertagesstätte, Berlin-Karow

Wettbewerbe (Auswahl)
Bahnhofsvorplatz Kassel, mit Büro Kiefer, 2. Preis

Grundschule Maselake-Nord, Berlin-Spandau, 3. Preis

Wohnungen für Bundesbedienstete, Berlin-Karlshorst, 2. Preis

Auswärtiges Amt Berlin, Berlin-Mitte, 4. Preis

Herbert Hoover Realschule, Berlin-Wedding, 1. Preis

Deutsches Bibliotheksinstitut, Berlin-Mitte, 2. Preis

Veröffentlichungen (Auswahl)
Monographie Carola Schäfers, GG Editorial Gustavo Gilli, S.A. Barcelona 1999

Raumkunst – Neue deutsche Innenarchitektur, C. Dörries & A. Platena, Verlagshaus Braun, Berlin 2004

Pure Plastic, Chris van Uffelen, Verlagshaus Braun, Berlin 2008

Scheidt Kasprusch Architekten

Raum geben – Identität stiften
Orientierung bieten – Übergänge schaffen
Beziehungen herstellen – Kommunikation fördern

provide space – bestow identity
offer orientation – create transitions
provide relationships – encourage communication

Verteilerhalle Bahnhof Hameln, Fertigstellung 2006

Depot Ruhr Museum Zollverein Essen, Fertigstellung 2009

oben: Haus der Essener Geschichte
unten: SpielPlatzHaus Berlin-Spandau
Fertigstellung 2005

27 **Scheidt Kasprusch**
Ges. von Architekten mbH
Schlesische Straße 29/30
10997 Berlin
Tel.: 030/88 68 32-77
Fax: 030/88 68 32-78
info@SKA-Architekten.de
www.SKA-Architekten.de

Hermann Scheidt
Dipl.-Ing. Architekt BDA
1957 geboren in Duisburg
1988 Diplom TU Hannover
1987–1999 Partner ASS
Assmann Salomon Scheidt
1996 Mitglied im BDA
2000–2004 Partner
ScheidtArchitekten
2003 Vorstand BDA Berlin
2005 Scheidt Kasprusch

Frank Kasprusch
Dipl.-Ing. Architekt BDA
1965 geboren in Alsfeld
1995 Diplom RWTH Aachen
1993–2001 Büroleiter ASS
Assmann Salomon Scheidt
2001–2004 Partner
ScheidtArchitekten
2004 Mitglied BDA
2005 Scheidt Kasprusch

Arbeitsschwerpunkte
Kultur- und Bildungsbauten, Sport-/ Veranstaltungsbauten, innovativer Wohnungsbau, Büro- und Geschäftshäuser, städtebauliche Entwürfe

Referenzen (Auswahl)
Rheinisches Industriemuseum St. Antony, Oberhausen, Arge mit Frank Ahlbrecht, Landschaftsverband Rheinland

Depot Ruhr Museum Zollverein, Essen, Arge mit Frank Ahlbrecht, Entwicklungsgesellschaft Zollverein mbH

Haus der Essener Geschichte, Arge mit Ahlbrecht und Felix, Stadt Essen

minimumhouse, Klausdorf bei Berlin, minimum einrichten gmbh

Bahnhof Hameln, Umbau und Neubau Verteilerhalle, GWS Stadtwerke Hameln

SpielPlatzHaus Pulvermühle, Berlin-Spandau, Wasserstadt GmbH

Haus Rohlfsstraße, Berlin-Dahlem, Eheleute Thimm

RWE Rhein Ruhr Sporthalle, Arge mit Ahlbrecht und Felix, Stadt Mülheim/Ruhr

Friedrich-Carré Berlin-Mitte, Dorotheenstraße 56–60, Friedrichstraße 149 und Georgenstraße 24, ASS, Züblin Development

Schaltanlage 110 kV, Berlin-Prenzlauer Berg, ASS, Bewag

NiedrigEnergieHaus 56 WE, Berlin-Marzahn, ASS, WBG Marzahn

Wettbewerbe (Auswahl)
Rheinisches Industriemuseum St. Antony, Oberhausen, Arge mit Frank Ahlbrecht, 1. Preis 2008

Depot Ruhr Museum, Essen, Arge mit Frank Ahlbrecht, 1. Preis 2008

Kita Elisabethkirchstraße, Berlin-Mitte, 3. Preis 2007

Null-Emissions-Siedlung In der Rehre-Süd, Hannover, 1. Preis 2006

Haus der Essener Geschichte Arge mit Frank Ahlbrecht, 1. Preis 2005

SpielPlatzHaus Pulvermühle, 1. Platz 2004

Ruhr-Sporthalle, Mülheim/ Ruhr, Arge mit Ahlbrecht und Felix, 1. Platz 2003

Revitalisierung Bahnhof Hameln, 1. Preis 2002

KLAUS SCHLOSSER

„qualitative Differenzierung als Ausgangspunkt für Wohnen in der Stadt"

Die Werte der Architektur liegen seit jeher in der Vereinigung von Nutzbarkeit und Schönheit an einem vorbestimmten Ort. Die Elemente der Architektur befinden sich jedoch in einem Prozess permanenter technischer und reflexiver Wandlung. Die wichtigste Tat des Architekten besteht deshalb in der konkreten, bestimmungs- und zeitgemäßen Komposition der Elemente der Architektur.

"Qualitative differentiation as a starting point for urban living"

The values of architecture since time immemorial reside in the unity of usefulness and beauty at a pre-determined location. However the elements of the architecture are to be found in a process of permanent technical and reflexive transformation. Therefore the most important act of the architect consists in the concrete composition of the elements of the architecture that are appropriate for the assignment and the time.

Villa „Am Hämphorn", Potsdam-Sacrow

Lofthaus Bergstraße/Schröderstraße, Berlin

Villa „Am Neuen Garten", Potsdam

29 **KLAUS SCHLOSSER ARCHITEKTEN BDA**

Kurfürstendamm 196
10707 Berlin
Tel.: 030/61 65 79 60
Fax: 030/61 65 79 89
mail@klausschlosserarchitekten.com
www.klausschlosserarchitekten.com

Dipl.-Ing. Klaus Schlosser
Architekt BDA
1955 geboren
Ausbildung: handwerklich-konstruktive Grundausbildung
1980 Ingenieurstudium Ingenieurbüro Prof. Julius Natterer, München
Architekturbüro Prof. Sampo Widmann, München
1985 Studium Architektur TU München/TH Darmstadt

2005 Weiterbildung Grundlagen der Immobilienökonomie; IREBS

Praxis:
1989–1991 Gründung „Projektbüro" mit Prof. Uwe Fischer, Frankfurt
1992–1993 Willem Jan Neutelings architectuur b.v., Rotterdam
1993–1995 eigenes Architekturbüro, Berlin
1995–2006 Schlosser Lamborelle Architekten
Seit 2007 Klaus Schlosser Architekten BDA

Arbeitsschwerpunkte
Schwerpunkte der Leistungen sind der Entwurf und die projektspezifische Planung von Gebäuden in Ergänzung durch Machbarkeitsstudien, Preliminary Design
Tätigkeitsfelder: Bauen im Bestand, Denkmalpflege, Neubau von Wohn- und Gewerbebauten, Wohn- Geschäftshäuser, Einfamilienhäuser

Referenzen (Auswahl)
2009 „stacked villas" Wohn- und Geschäftshaus Knesebeckstraße, Berlin

2008* Wohn- und Geschäftshaus Elisabethkirchstraße, Berlin

2005* „self-storage", Berlin-Reinickendorf

2004* Villa in Potsdam-Sacrow

2003* „Lofthaus" Schröderstraße, Berlin

2001* Am Neuen Garten, Umbau und Erweiterung einer denkmalgeschützten Villa, Potsdam

2001* Redaktionsgebäude, Lietzensee, Berlin

1998* Wohn- und Geschäftshaus Brunnenstraße, Berlin

1996–2001* 4 Stadthäuser, Erfurt

1993 Jüdisches Mahnmal Buchenwald, mit Tine Steen, Künstlerin

1991 Passagierleitsystem Flughafen Frankfurt, mit Uwe Fischer

1990–1992 Vier-Generationenhaus, Mittelhessen

Ausstellungen (Auswahl)
2005 „pockets I shelves" Galerie suitcase, Berlin

2002 „script voisin", Galerie Koch & Kesslau, Berlin, mit Tine Steen

* Projekte mit Jean Lamborelle

Enno Schneider Architekten

„Man sollte alles so einfach wie möglich machen, aber nicht einfacher als es ist." (A. Einstein)
Funktionalität, Nachhaltigkeit, Gestaltqualität und Ökonomie sehen wir als die bestimmenden Elemente unserer Architektur, die die Einzigartigkeit jedes Projektes thematisieren.

"One should keep it as simple as possible, but not simpler than it is." (A. Einstein)
We see functionality, sustainability, design quality and economy as those elements of our architecture which address the uniqueness of each project.

Neubau Kreispolizeibehörde Mettmann

Kreispolizeibehörde Mettmann, Atrium

Bahnhof Detmold

Grundschule am Arnulfpark, München,
Wettbewerb 2007, 4. Preis

31 **Enno Schneider Architekten**
Prof. Dr. Schneider + Co. GmbH I Berlin/Detmold
Gipsstraße 6
10119 Berlin
Tel.: 030/28 09 81 30
Fax: 030/28 09 81 31
berlin@ennoschneider-architekten.de
www.ennoschneider-architekten.de

Prof. Dr.-Ing. Enno Schneider
Architekt BDA
Mitglied der AK Berlin/NRW
1965–1972 Architekturstudium TH Aachen/Universität Stuttgart
1978 Büro Holzminden
1988 Professur FH Lippe + Höxter/Detmolder Schule für Architektur + Innenarchitektur
Lehrgebiet: Entwerfen, Altbauerneuerung, Denkmalpflege
Seit 1993 Büro Detmold
Seit 1995 Büro Berlin
2002 Publikation „Weiterbauen" mit Katharina Jester (Bauwerk-Verlag)
2005 „Konversion", Bürobau Atlas, Eisele/Staniek (Callwey Verlag)

Arbeitsschwerpunkte
Architektur/Städtebau
Generalplanerleistungen
Büro-/Verwaltungsbauten
Schul-/Hochschul-/Laborbauten
Kulturbauten
Alten-/Pflegeeinrichtungen
Um-/Erweiterungsbauten
Bauen im Bestand
Nachhaltiges Bauen

Referenzen (Auswahl)
2005–2007 Umbau/Sanierung Bahnhof, Detmold

2003–2005 Neubau Kreispolizeibehörde, Mettmann

1999–2001, 2002–2003 Neubau/Erweiterung Realschule, Geldern

2002–2003 Umnutzung Recyclinghof, Berlin

2001–2003 Erweiterung Rathaus, Ehingen

1999–2001, 2001–2003 Erweiterung Altenpflegeheim, Ennepetal

1999–2000 Geschosswohnungsbau in Passivhaus-Standard, Kassel

1997–1999 Neubau Oberstufenzentrum II mit Dreifach-Sporthalle

Wettbewerbserfolge (Auswahl)
2008
Wohnen am Ludwigkai, Würzburg, Ankauf

2007
Grundschule am Arnulfpark, München, 4. Preis
BioMedical Center LMU, München, 3. Preis

2006
Institutgebäude Chemie/Pharmazie und theoretische Medizin (CPTM), Innsbruck, 1. Ankauf

2005
Grundschule Kronthal, Kronberg, 3. Preis
Bildungszentrum SeeCampus, Niederlausitz, 1. Preisgruppe

2004
Kindergarten, Grundschule, Hort, Platzgestaltung, Bozen/Italien, 3. Preis
Institutgebäude DLR, Oberpfaffenhofen, 2. Preis

2002
Sparkasse, Osnabrück, 1. Preis
Gymnasium, Münster, 1. Preis

SPRINGER ARCHITEKTEN

Architektur ist immer beides: Raum und Gedanke.
Ebenso wie der städtische Raum bestimmt der ideengeschichtliche Hintergrund des Ortes unsere architektonische Arbeit. Im gebauten und im geschichtlichen Kontext stiftet Architektur eine eigene Identität.

Architecture is always both: space and thought.
Like urban space itself, the historical development of ideas behind a location determines our architectonic work. Architecture lends its own identity to the built and historical context.

Theater Stralsund, Zuschauerraum

Museum Luther-Geburtshaus

Hamburg Altenhagener Weg

33 **SPRINGER ARCHITEKTEN**

Erkelenzdamm 11–13
10999 Berlin
Tel.: 030/61 65 83 50
Fax: 030/61 65 84 80
mail@springerarchitekten.de
www.springerarchitekten.de

Dipl.-Ing. Jörg Springer
Architekt BDA
Studium TU Berlin und ETSA Barcelona
Mitarbeit im Büro J.Ll. Mateo, Barcelona 1990/91
Seit 1995 Büro in Berlin

Arbeitsschwerpunkte
Museen, Theater und Veranstaltungsgebäude
Bauen im Bestand und Denkmalschutz

Referenzen (Auswahl)
Theater der Hansestadt Stralsund

Museum Luther-Geburtshaus, Eisleben

Siedlung Altenhagener Weg, Hamburg

Kulturhaus Schloss Großenhain

E.T.A.-Hoffmann-Theater, Bamberg

Naturbad in Großenhain

Kleist Kultur- und Kongresszentrum Frankfurt (Oder)

Auszeichnungen (Auswahl)
2008
BDA Hamburg Architekturpreis
Architekturpreis "Zukunft im Bestand"
Deutscher Städtebaupreis: Sonderpreis "Die Stadt der Nachkriegsmoderne"
Deutscher Städtebaupreis: Auszeichnung

2007
Architekturpreis des Landes Sachsen-Anhalt

2004
Architekturpreis des BDA Sachsen
Balthasar-Neumann-Preis (Anerkennung)

2003
Sächsischer Staatspreis für Baukultur

2002
Deutscher Städtebaupreis (Besondere Anerkennung)

Wettbewerbe (Auswahl)
Bundesstiftung Baukultur, Potsdam, 1. Preis
Erweiterung Stadttheater Döbeln, 2. Preis

Siedlung Altenhagener Weg, Hamburg, 1. Preis

Neubau der Hochschulmensa in Karlsruhe, 3. Preis

Ehemaliges Zisterzienserkloster Altzella, 3. Preis

Kreishaus Barnim, Eberswalde, 3. Preis

Konzerthalle Schloss Köthen, 3. Preis

Akademisches Gymnasium Innsbruck, 4. Rang

Uferzone Harkortsee, Wetter/Ruhr 1. Preis

Landesmusikakademie, Wolfenbüttel, 3. Preis

Lessing-Theater, Wolfenbüttel, 1. Preis

Thomas von Thaden Architekten Berlin

In bester Tradition von Aufklärung und Moderne werden von einem hochqualifizierten Entwurfsteam kontextspezifische Lösungen für städtebauliche und architektonische Problemstellungen erarbeitet.
Zurückblickend auf die wertvolle Geschichte europäischer Baukunst und vorausschauend auf die zukünftigen Entwicklungen werden die aktuellen Projekte in ihrem räumlichen und zeitlichen Kontext verankert.

In the best tradition of the Enlightenment and the modern age, a highly qualified design team seeks context-specific solutions to urban planning and architectural problems.
Building on the invaluable history of European architecture and with a watchful eye to future developments, we firmly embed current projects in their spatial and temporal context.

Neubau des Ministeriums des Innern, Berlin 2007, Wettbewerb Ankauf

Wohn- und Geschäftshaus Auguststraße, Berlin 2008, Realisierung

Wohn- und Geschäftshaus Hausvogteiplatz, Berlin 2007, Bieterverfahren

35 **Thomas von Thaden Architekten BDA Berlin**

Emser Straße 40
10719 Berlin
Tel: +49-30-614 026 60
Fax: +49-30-614 026 61
mail@thomasvonthaden.de
www.thomasvonthaden.de

Dipl.-Ing. Thomas v. Thaden
1987–94 Architekturstudium an der TU Berlin
1992–1994 Lehrtätigkeit TU Berlin
1993 Wettbewerbs- und Projektbearbeitung im Büro Müller Reimann/Berlin
1994 Diplom an der TU Berlin
1994–1995 Wettbewerbs- und Projektbearbeitung im Büro W. A. Noebel/Berlin
1996 DAAD Stipendium New York, USA
seit 1996 Mitglied der Architektenkammer Berlin
seit 1997 Architekturbüro Thomas von Thaden Architekten Berlin
seit 2003 Mitglied im BDA Berlin

Arbeitsschwerpunkte
Städtebau, Architektur, Innenarchitektur, Gutachten, Projektentwicklung, Schaffung von Baurecht, Ausführungsplanung, Wohngebäude, Büro- und Geschäftsgebäude, Kulturbauten, Hotelbauten

Referenzen (Auswahl)
Wohnhaus Linienstraße, Berlin, Realisierung 2009

Wohn- und Geschäftshaus Invalidenstraße, Berlin, Realisierung 2009

Wohn- und Geschäftshäuser Brunnenstraße, Berlin, Realisierung 2009

Wohn- und Geschäftshaus Alte Schönhauser Straße, Berlin, Realisierung 2009

Villa im Diplomatenpark, Berlin, Realisierung 2008

Wohn- und Geschäftshaus Auguststraße, Berlin, Realisierung 2008

Wettbewerbserfolge (Auswahl)
2007
Bundesministerium des Innern, Berlin, Ankauf

2004
Biotechnologisches Institut Jena, Ankauf

2003
Bieterverfahren „An der Werderstraße", Berlin, 2. Platz

Neugestaltung der Platzfläche am St. Jakobsplatz, München, mit Regina Poly Landschaftsarchitektur, 1. Preis

2001
Jüdisches Zentrum am St. Jakobsplatz, München, 4. Preis

2000
Sporthalle Hausburgviertel, Berlin, 3. Preis
St. Jakobsplatz, München, Preis

1999
Schulzentrum Timmendorfer Strand, Ankauf
Justizzentrum Magdeburg, 5. Preis

welter+welter architekten

Bis ins Detail entwerfen.
Von Beginn an auch die Ausführung berücksichtigen.
Details entwickeln, welche den Entwurf lebendig machen.
Eigenheiten würdigen und auf Spezifisches eingehen.
Klare Lösungen finden.

Design in detail.
Keep in mind the execution from the beginning.
Develop details which liven up the design.
Respect peculiarities and yield to the specific.
Find clear solutions.

Einfamilienhaus, Haßfurt/Unterfranken

Verandaanbau mit Terrasse, Berlin-Lichterfelde

37 **welter+welter architekten**
Köpenicker Straße 48/49
10179 Berlin
Tel.030/30862567
Fax.030/30862570
post@welterwelter.com
www.welterwelter.com

Birgitt Welter
Architektin BDA
Studienabschluss 1968
Kunstakademie Stuttgart
Mitarbeit in den Büros:
Prof. G.Behnisch
Prof. Frei Otto
Prof. Otl Aicher
Büropartnerschaft mit
Udo Welter in München,
seit 1992 eigenes Büro in
Berlin,
seit 2008 Büropartnerschaft
mit Philipp Welter,
Dipl.-Ing. Architekt

Arbeitsschwerpunkte
Planung und Bauleitung aus einer Hand, Denkmalschutz, Neu-, Um- und Innenausbau von Wohn-und Geschäftshäusern, Privathäusern, Büros, Praxen, Hotels
Grundstücksanalysen und Machbarkeitsstudien für Neubauprojekte

Referenzen (Auswahl)
Sandkrugbrücke, Berlin-Mitte, mit Th.Baumann
In: Sieben Brücken der Berliner Innenstadt 1994,
Neue Architektur Berlin 1990–2000, jovis 1997

3 Wohn- und Geschäftshäuser, Berlin-Charlottenburg
Dachausbau, Fassaden- und Treppenhausrenovierung
Architekturpreis des Klempnerhandwerks, 1998
In: Jahrbuch
Architektur in Berlin 1999

Um- und Ausbau Hotel „Art Nouveau", Berlin-Charlottenburg

Umbau Eingang Kommunale Galerie, Berlin-Wilmersdorf
In: Jahrbuch
Architektur in Berlin 2000

Mehrfamilienhaus in Bayern
In: Architektinnen bauen Wohnhäuser, Callwey München 2001

Anbau „Der weiße Putzwürfel", Berlin
2. Bdt. Architekturpreis Putz, 2002
In: Umbauen
Erweitern Renovieren, DVA Stuttgart 2002
Aus der Tradition in die Zukunft, AIT Edition 4

Erweiterung „Die Zinkbox", Berlin
In: Jahrbuch
Architektur in Berlin 2003

2 Einfamilienhäuser in Bayern
In: TOP 100 Häuser, DVA 2006

Wohn- und Geschäftshaus, Berlin-Steglitz, 875 m² BGF, im Bau, Fertigstellung 2008

Wohnanlage, Berlin-Pankow 3800 m² BGF, 2008

Wohnanlage und Hotel, Berlin-Lichtenberg, 4000 m² BGF, Baubeginn 2008

Eckbebauung, Berlin-Friedrichshain, 3100 m² BGF, in Vorbereitung, Baubeginn 2009

Villa und Mehrfamilienhaus, Berlin-Westend, 585 m² BGF, Baubeginn 2008

Wettbewerbserfolge (Auswahl)
Kindertagesstätte, Berlin

Galgenbergbrücke, Regensburg

Rathausbrücke, Berlin

Schule, Frankfurt am Main

Schulzentrum, Kehl

Fuß- und Radwegbrücke, Konstanz

Wilk-Salinas Architekten GbR

De Ilusión también se vive

Winterbadeschiff Berlin, Temporäre Überdachung des Badeschiffes (mit Thomas Freiwald)

Liesenbrücke Berlin, Neugestaltung und Umnutzung einer denkmalgeschützten Eisenbahnbrücke

139 **Wilk-Salinas Architekten GbR**
Schlesische Straße 12
10997 Berlin
Tel.: 030/6162 8960
Fax: 030/6162 8959
mail@wilk-salinas.com
www.wilk-salinas.com

Ana Salinas
1975 geboren in Badajoz
1993–2002
Architekturstudium an der Escuela Técnica Superior de Arquitectura de Madrid (ETSAM)
2006 Gründung von Wilk-Salinas Architekten

Gilbert Wilk
1966 geboren in Dortmund
1986–1989 Tischlerlehre, Paderborn
1989–1996
Architekturstudium an der RWTH Aachen, Hochschule der Künste Berlin, Universidad de Granada
2004 Freier Architekt, Berlin

Referenzen
2008 Transformation Liesenbrücke, Projektentwicklung zum Erhalt und zur Revitalisierung einer denkmalgeschützten Eisenbahnbrücke, Berlin

2008 Alsterpool – Badeschiff mit Steganlage auf der Außenalster, Hamburg

2008 Oktupus – Wohnungsausbau mit Treppenlounge, Berlin

2007 Admiralsbad, Rekonstruktion und Neubau des historischen Bades, Berlin

2006 PopKick.06, Public Viewing im Treptower Park zur WM, Berlin

2005 Winterbadeschiff, temporäre Überdachung des Badeschiffes mit Saunanutzung, Berlin

2005 WC-Container, mobile Sanitäreinheiten für die Kulturarena, Berlin

Wettbewerbserfolge/ Auszeichnungen
Realisierungswettbewerb „Modernisierung des städtischen Freibades Arzberg", Auslober Stadt Arzberg, 2. Preis

2007
IULA, International Urban Landscape Award, „Lobende Erwähnung", Winterbadeschiff

BDA-Preis für Architektur, Nike für Preis und Leistung, Winterbadeschiff, Nominierung für Nike als beste stadtbauliche Interpretation

Immobilienaward Berlin, „Lobende Erwähnung", Winterbadeschiff

IOC/IAKS AWARD in Silber, International Association for Sports and Leisure Facilities, Winterbadeschiff

2006
Architekturpreis Berlin, Auszeichnung und Publikumspreis für das Projekt Winterbadeschiff

Holzbaupreis, Architektenwettbewerb für die Bundesländer Berlin, Brandenburg, Mecklenburg-Vorpommern und Sachsen-Anhalt für das Projekt Winterbadeschiff

Engere Wahl „Neubau der Architektenkammer COAM", Madrid

Realisierungswettbewerb „Vulkan von Chayofita", Teneriffa, 3. Preis

Prof. Bernhard Winking Architekten BDA Martin Froh

Architektur ist immer ein Bündnis mit der Geschichte von Menschen, Städten und deren Bauten. Herauszufinden, was das Wesen einer Aufgabe ist, die Wünsche des Bauherren zu übersetzen, in die Vergangenheit zu blicken, um interpretieren zu können, was in Zukunft entstehen kann, bestimmen unsere Aufgabe.

Architecture is always an alliance with the history of human beings, cities and their buildings. To find out what the essence of the task is, to realize the wishes of the builder, and to look back in the past in order to be able to interpret what can emerge in the future determine our task.

Wohnungsbau Tor zum Park, Potsdam

Brandenburgisches Landeshauptarchiv, Potsdam

Erweiterung Davidwache, Hamburg St. Pauli

141

Prof. Bernhard Winking Architekten BDA
Sophienstraße 22a
10178 Berlin
Tel.: 030/28 30 28 0
Fax: 030/28 30 28-28
berlin@winking.de
www.winking.de

Prof. Bernhard Winking, Dipl.-Ing. Architekt BDA
Geboren in Osnabrück
1961–1965 Architekturstudium an der Hochschule für Bildende Künste, Hamburg
Seit 1965 selbstständiger Architekt in Hamburg
Professor für Bauplanung im Fachbereich Architektur und Stadtplanung an der Hochschule für Bildende Künste, Hamburg

Martin Froh, Dipl.-Ing. Architekt BDA
1963 geboren in Kaltenkirchen/Holstein
1983–1991 Architekturstudium an der Hochschule für Bildende Künste in Hamburg
Seit 1996 Partner im Büro von Prof. Bernhard Winking Architekten BDA

Arbeitsschwerpunkte
Bauten der öffentlichen Hand
Verwaltungsbauten
Wohnungsbau
Büro- und Geschäftsgebäude
Sanierungen und Umnutzungen
Städtebauliche Planungen
Sport- und Versammlungsstätten
Brücken

Referenzen (Auswahl)
2005–2007 Umbau Deutsche Rentenversicherung Bund, Dienstgebäude Hohenzollerndamm, Berlin

2005–2006 Museum für Botanik, Hamburg Klein-Flottbek
Jinshan Kindergarten, Shanghai, China

2004–2006 Technologiezentrum Blomenburg Venture Park, Selent

2003–2005 Wohnhäuser Tor zum Park, Kiepenheuerallee, Potsdam

2001–2004 Umbau Finanzamt, Gießen

1995–1998, 2002–2003 Alice-Salomon-Fachhochschule, Berlin-Hellersdorf

2001 Finanzrechenzentrum OFD, Cottbus

1996–1999 Hypo-Bank CZ am Platz der Republik, Prag

1996–1998 Palais am Pariser Platz, Berlin

Wettbewerbserfolge (Auswahl)
2007
Neubau Hauptzollamt, Hamburg-Stadt, 1. Preis
KiTa Elisabethkirchstraße, Berlin, 2. Preis

2006
Brandenburgisches Landeshauptarchiv, Potsdam, 1. Preis

2004
Zheda Headquarter, Hangzhou, China, 1. Preis

2003
Nullemissionshaus am Dalmanukai, Hamburg, 1. Preis

2002
Erweiterung der Davidwache, Hamburg St. Pauli, 1. Preis
Brücke über den Ziegelsee, Schwerin, 1. Preis

Beatrix Wuttke Thomas Ringhof Architekten

Berlin Kopenhagen

Berlin Copenhagen

Infobox am Schlossplatz
Es ist vielleicht nicht ein Gebäude, sondern eher ein festlicher Ort zum Ausstellen und Informieren – tagsüber belebt durch neugierige Besucher und nachts in reicher Illumination.

Stadthaus in Hillerød, DK

Wohn-/Geschäftshaus in Hillerød, DK
Das innerstädtische Grundstück liegt zwischen der Hauptgeschäftsstraße und der Seeuferpromenade, von dem sich der Blick weit über den See zum Schloss hin öffnet.

43 **Beatrix Wuttke Thomas Ringhof Architekten**
Glückstadtsvej 2, 1.
Frihavnen
DK 2100 Kopenhagen
Tel. 0045 42364855
buero@wuttkeringhof.com
www.wuttkeringhof.com

Beatrix Wuttke Architektin BDA
1963 geboren in Bonn
1983–90 Architekturstudium an der RWTH Aachen und der Kunstakademie Düsseldorf
1993–95 Mitarbeit im Büro Prof. Hans Kollhoff Berlin
Seit 1994 Büro mit Thomas Ringhof in Berlin/Kopenhagen
2000–2006 Lehrtätigkeit TU Berlin

Referenzen (Auswahl)
Wohn-/Geschäftshaus in Hillerød, DK
Bauherr: privat
Planung/Ausführung 2007–2009

Infobox am Schlossplatz
Auftraggeber: Senatsverwaltung Berlin
Projekt 2006

Kinderkrippe in Berlin
Bauherr: Gemeinde der Kaiser-Wilhelm-Gedächtniskirche, fertiggestellt 2004

Städtebauliche Planung u. Designmanual Nimbusparken, Kopenhagen
Bauherr: JM-Danmark A/S und DFE A/S 2000/01, fertiggestellt 2004

Wettbewerbe (Auswahl)
2004 „Stadthalle in Vaterstetten", Bayern, 4. Preis

2000 „Nimbusparken", Kopenhagen, 1. Preis

1998 „Museum auf dem Mönchsberg in Salzburg", 6. Preis

1996 „Landratsamt Meiningen", Thüringen (1996), 1. Preis

1996 „Stadthalle in Weimar", Thüringen, 1. Preis

1995 „Stadt Rötha", 1. Preis

1995 „Marktkirche" Essen, 5. Preis

1994 „Seetorviertel in Neuruppin", 2. Preis

1993 „Rotaprint Block", Berlin, 1. Preis

Veröffentlichungen/ Ausstellungen
2008
„Slotsgade 10" in 1034 art gallery, Hillerød DK

2005
„da! Architektur in und aus Berlin", Berlin

2002
„Rethinking: Space • Time • Architecture", Berlin

2000
„Ung dansk design", Kopenhagen

1997
„KulturStadtBauen", DAM Frankfurt

1995
„Wohnungsbau Stadt Haus Wohnen der 90er Jahre in Berlin"

Zerr . Hapke . Nieländer

Bei unseren Projekten versuchen wir reine Konstruktion über ihre Inhalte zu erzeugen und dabei Überflüssiges zu vermeiden:
form = content x construction²

In our projects we seek to derive pure constructions from their content and thus to avoid what is unnecessary and additive:
form = content x construction ²

Umbauten im Schillertheater für die deutsche Staatsoper

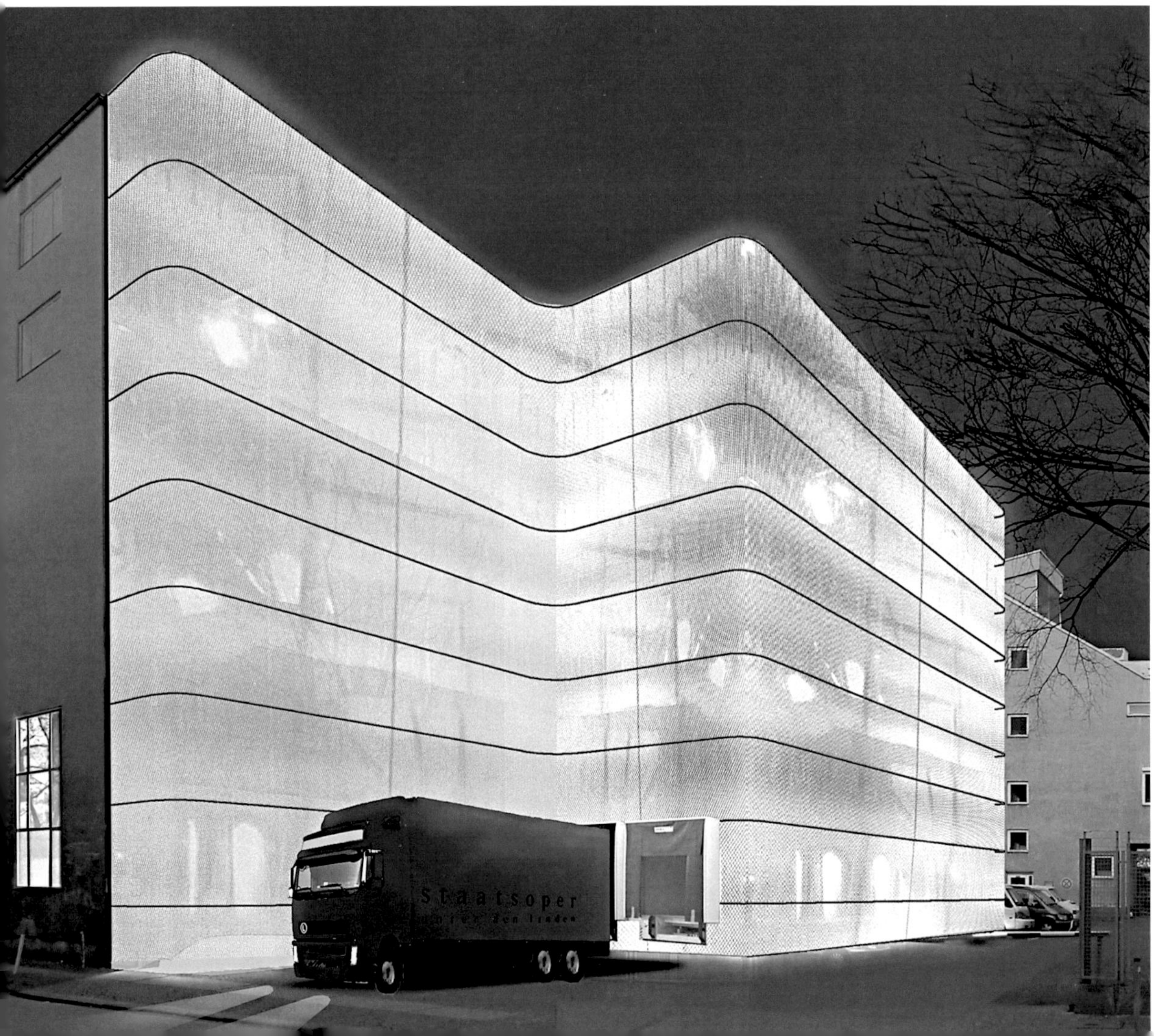

AOK – Die Gesundheitskasse

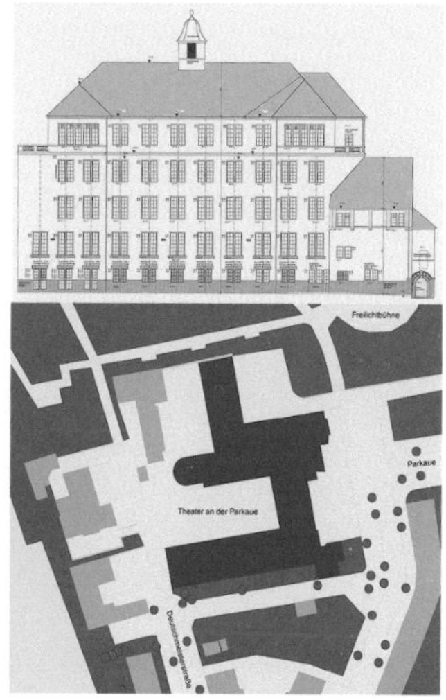

Theater an der Parkaue

45 **Zerr . Hapke . Nieländer Architekten**

Goethestraße 72
10625 Berlin
Tel.: 030/31 80 66 84
Fax: 030/31 80 66 86
post@zhn-architekten.de
www. zhn-architekten.de

Andreas Zerr
1990 Diplom TU Berlin
1991–1994 Rave und Rave, Berlin
1995 Sir Norman Foster, Berlin
1999–2005 Assistent für Innenraumplanung und Entwerfen, TU Berlin
seit 1994 eigenes Büro
seit 2000 Büropartnerschaft Zerr . Hapke . Nieländer

Claus Nieländer
1987/88 M.I.T.,Cambridge/ Ma, USA
1990 Diplom TU Berlin
1991 Master of Architecture, UCLA Los Angeles, USA
1986–93 Prof. J.P. Kleihues, Berlin, Prof. O.M.Ungers, Köln
1993–99 Assistent für Entwerfen BTU Cottbus
Lehrauftrag an der FH Erfurt und an der BTU Cottbus

Weitere Partner:
Peter Hapke

Arbeitsschwerpunkte
Öffentlicher Hochbau, Kulturbauten, Musik- und Sprechtheater, Museen, Sportbauten, Bauen im Bestand, Denkmäler, Kunst im Stadtraum

Referenzen
Umbauten im Schillertheater für die deutsche Staatsoper Unter den Linden

AOK – Die Gesundheitskasse in Berlin-Spandau

Theater an der Parkaue in Berlin-Lichtenberg

Komische Oper Berlin

Gedenkstätte Berliner Mauer mit Dokumentationszentrum

Volksoper Wien

Denkzeichen für Rosa Luxemburg (Künstler Hans Haacke)

Denkmal für die im Nationalsozialismus verfolgten Homosexuellen (Künstler Elmgreen und Dragset)

Denkmal für die im Nationalsozialismus ermordeten Sinti und Roma (Künstler Dani Karavan)

Wettbewerbserfolge
2004
Ort der Information vor dem Olympiastadion Berlin,
1. Preis, Realisierung

2001
Volksoper Wien,
1. Preis

DER ARCHITEKTURPREIS BERLIN 2006
THE BERLIN ARCHITECTURE AWARD 2006

HANS-SCHAEFERS-PREIS + DGB 2007
2007 HANS-SCHAEFERS-PRIZE + DGB

BDA GALERIE
BDA GALLERY

WEITERBAUEN AN DER SPÄTEN MODERNE
CONTINUING TO BUILD ON LATE MODERNITY

BDA STADTSALON
BDA STADTSALON

DER ARCHITEKTURPREIS BERLIN 2006

Der Architekturpreis Berlin wurde 2006 zum siebten Mal vergeben. Er prämiert gleichermaßen Architekt/-in und Bauherr/-in für ein herausragendes Bauwerk. Somit würdigt dieser Preis ausdrücklich die geteilte Verantwortung und den hohen Wert des Dialoges der Beteiligten als die Basis für qualitätvolle Architektur.

Den Architekturpreis Berlin 2006 erhielt das Büro Foster + Partners, London, für den Umbau und die Sanierung der Freien Universität, Bauteil „Rostlaube", sowie den angefügten Neubau der Philologischen Fachbereichsbibliothek gemeinsam mit dem Land Berlin als Bauherr.

Schirmherrin des Architekturpreises Berlin ist die Senatorin für Stadtentwicklung Ingeborg Junge-Reyer. Auch als Bauherr des Preises und drei weiterer Auszeichnungen nimmt das Land Berlin seine Verantwortung gegenüber der Öffentlichkeit wahr, gute Baukultur für die Stadtgesellschaft zu realisieren. Die sieben Auszeichnungen gingen an Behnisch & Partner mit Werner Durth und das Land Berlin für die Akademie der Künste am Pariser Platz, Gil Wilk Architekten mit Thomas Freiwald und die Kulturarena Veranstaltungs GmbH für das Winterbadeschiff, gmp – Architekten von Gerkan, Marg und Partner und das Land Berlin für den Umbau und die Überdachung des Olympiastadions, Sauerbruch Hutton Architekten und das Land Berlin für die Feuer- und Polizeiwache für das Regierungsviertel, Jan Kleihues/Kleihues + Kleihues und Grothe Immobilien Projektierungs KG für das Hotel Concorde, Eisenman Architects und Stiftung Denkmal für die ermordeten Juden Europas für das Denkmal für die ermordeten Juden Europas und an das Büro Robertneun/Baecker, Buschmann, Friedrich und die Bullet Event GmbH für Week-end Club 12.

THE BERLIN ARCHITECTURE AWARD 2006

The Berlin Architecture Award was presented for the seventh time in 2006. Every award goes out to both the architect and the client of an exceptional building. As such, the award explicitly recognizes the shared responsibilities of those involved and the immense value of engaging in dialog as a basis for creating quality architecture.

The Berlin Architecture Award 2006 was presented to the architecture practice Foster + Partners, London, for the reconstruction and renovation of the Freie Universität's "Rostlaube" building, as well as for the adjoining new building of the philologic departmental library, while the state of Berlin was awarded as client.

The patron of the Berlin Architecture Award is the senator for urban development, Ingeborg Junge-Reyer. The state of Berlin as client, having been presented with this Award as well as three other awards in the past, assumes its public responsibility of realizing a good built environment for urban society.

The seven Awards went to the following architecture practices and clients:

The architects Behnisch & Partners with Werner Durth and the state of Berlin for the Academy of Arts at Pariser Platz; Gil Wilk Architects with Thomas Freiwald and the Kulturarena Veranstaltungs GmbH for the Winterbadeschiff; the architects von Gerkan, Marg and Partners (gmp) and the state of Berlin for the renovation and roofing of the Olympic Stadium; Sauerbruch Hutton Architects and the state of Berlin for the fire station and police post of the government district; the architect Jan Kleihues/Kleihues + Kleihues, and the Grothe Immobilien Projektierungs KG for the Hotel Concorde; Eisenman Architects and the Foundation Memorial to the Murdered Jews of Europe for the Memorial to the Murdered Jews of Europe; and the practice Robertneun/Baecker, Buschmann, Friedrich and the Bullet Event GmbH for Week-end Club 12.

HANS-SCHAEFERS-PREIS 2007
DANIEL-GÖSSLER-BELOBIGUNG 2007

DIE NACHWUCHSFÖRDERPREISE DES BDA BERLIN

Veronika Brugger

Der Bund Deutscher Architekten BDA Berlin hat den Nachwuchs junger ArchitektInnen und StadtplanerInnen im Jahr 2007 mit zwei Auszeichnungen gefördert. Mit dem Hans-Schaefers-Preis wurden herausragende architektonische Leistungen ausgezeichnet. Die Daniel-Gössler-Belobigung wurde 2007 erstmalig vergeben. Der Preis würdigt in Erinnerung an den früh verstorbenen Namensgeber im dreijährigen Rhythmus herausragende architekturtheoretische Arbeiten. Über die Vergabe der Auszeichnungen entschied eine mit Roger Diener, Jan Edler, Louisa Hutton, Andreas Ruby, Hermann Scheidt, Angelika Schnell und Henning von Wedemeyer international und prominent besetzte Jury.
Der Maßstab, an dem die für den Hans-Schaefers-Preis eingereichten Arbeiten gemessen wurden, waren die Qualität der Planungs- und Baukultur sowie die Verantwortung, die der Architekt mit seinem Werk für Gesellschaft und Umwelt wahrnimmt. Eingereicht wurden insgesamt 16 Arbeiten.
Den Hans-Schaefers-Preis 2007 mit einem Preisgeld von 5000,– Euro vergab die Jury an Eike Roswag und Anna Heringer für die von ihnen realisierte „Handmade School" in Bangladesh. Die Jury würdigte die planerische Intelligenz, mit der diese Schule geplant und ausgeführt wurde. Dem Umgang mit den traditionellen lokalen Bauweisen und der engen Zusammenarbeit mit den örtlichen Handwerkern und zukünftigen Nutzern bescheinigte das Preisgericht Vorbildfunktion für eine hohe Planungs- und Baukultur. Eine Anerkennung ging an zanderroth architekten für den Umbau und die Erweiterung einer in einem Plattenbau untergebrachten Schule in Schulzendorf bei Berlin. Durch geschickte bauliche Ergänzung und Reorganisation haben die Architekten den Bestand zu einer neuen, in der Gestaltung ablesbaren Typologie weiterentwickelt: Die mit einem Korbgeflecht umhüllte Fassade des Obergeschosses gibt dem Gebäude ein unverwechselbares, „natürliches" Gesicht und steht im spannungsreichen Kontrast zu dem Farbkonzept der neu geschaffenen öffentlichen Räume im Erdgeschoss.
Eine weitere Anerkennung ging an Tilman Bock/Norbert Sachs Architekten für den Neubau des Hörsaalgebäudes der Fachhochschule Zittau. Der strenge kubische Baukörper besticht durch einen wissenden Umgang mit den Errungenschaften der Moderne. Die Raumstruktur endet in einer Dachterrasse, die als Freilicht-Auditorium gestaltet ist.
Die mit 1250,– Euro dotierte Daniel-Gössler-Belobigung prämiert architekturtheoretische Arbeiten, die über die eigene Fachdisziplin hinausgreifen und damit in breitere, sowohl wissenschaftliche als auch öffentliche Diskussionen hineinreichen. Die Mehrzahl der eingereichten Arbeiten für die im letzten Jahr erstmals ausgelobte Belobigung waren weiterführende Denkansätze zur Einflussnahme von Architektur und Stadtplanung auf die politischen und gesellschaftlichen Verhältnisse. Die Texte loteten Restspielräume aus, in denen die planerischen Disziplinen auf die von politischen und ökonomischen Prozessen dominierte Umwelt noch gestaltend Einfluss nehmen und untersuchten, wie sie schrittweise Mitsprachemöglichkeiten zurückgewinnen können.
Die Daniel-Gössler-Belobigung 2007 erhielt Friedrich von Borries für sein Buch „Wer hat Angst vor Niketown?". Von Borries untersucht, wie die Firma Nike die Stadt als Material und Medium ihrer Vermarktungsstrategien nutzt. Die Lektüre des Buches macht deutlich, wie komplex die Beziehungen zwischen Städtebau, Architektur, Werbung und Markenbildung heute sind und dass sich Architekten mit diesen Verflechtungen auseinandersetzen müssen, wenn sie relevante Beiträge zur zeitgenössischen Kultur der Stadt liefern wollen.

THE HANS SCHAEFERS AWARD 2007
THE DANIEL GÖSSLER AWARD 2007

THE BDA BERLIN AWARD FOR PROMISING YOUNG TALENT

Veronika Brugger

The Bund Deutscher Architekten (BDA), Berlin, has presented promising young architects and urban planners with two awards in 2007. The Hans Schaefers Award commended outstanding architectural achievements. The Daniel Gössler Award was presented for the first time in 2007. The Award, named after the eponym who died at an early age, triannually commends outstanding works of architectural theory. The jury comprised of international and acclaimed professionals Roger Diener, Jan Edler, Louisa Hutton, Andreas Ruby, Hermann Scheidt, Angelika Schnell and Henning von Wedemeyer.

The awards of the Hans Schaefers Award were given according to the criteria of the quality of the planning and building service and the measure of responsibility that the architect assumes with his work for society and the environment. A total of 16 works were handed in for consideration.

The Hans Schaefers Award 2007, with a prize money of 5000,– Euros, was given by the jury to Eike Roswag und Anna Heringer for their "Handmade School" in Bangladesh. The jury lauded the high degree of perception and understanding which went into the planning and realization of this school. The incorporation of traditional local building methods and the close cooperation with local craftspersons as well as with the future users was commended by the jury as serving as a role model for a high quality planning and building culture.

A recognition went to Zanderroth Architects for the modification and extension of a school housed in a building made with pre-cast concrete slabs in Schulzendorf near Berlin. Skillfully complementing and reorganizing the building, the architects developed the existing spaces into a new typology that is perceptible through its form: the façade of the upper floor is wrapped in basket work and gives the building an unmistakable and "natural" face while evoking a dynamic contrast to the color concept of the newly created public spaces on the ground floor.

A further recognition went to Tilman Bock/Norbert Sachs Architects for the new lecture hall of the Technical College Zittau. The austere cubical structure displays an adept handling of modernist achievements. The structure is topped by a roof terrace that is devised as an open-air auditorium.

The Daniel Gössler Award, with a prize money of 1250,– Euros, commends works of architectural theory that transcend one's own professional field, thereby taking up both broader scientific as well as public issues of discussion. The majority of the submitted works considered for the Award, presented for the first time last year, represented continuative conceptual approaches for how architecture and urban planning can influence political and social conditions. The texts pondered over the maneuvering space that is left for professional planning disciplines in an environment dominated by political and economic processes, and considered ways in which these disciplines can still exert influence and incrementally reclaim participatory possibilities.

The Daniel Gössler Award 2007 went to Friedrich von Borries for his book "Wer hat Angst vor Niketown?" ("Who is afraid of Niketown?"). In the book, von Borries explores how the company Nike uses the City as material and medium in its marketing strategy. The reading of the book makes clear how complex the relationships between urban planning, architecture, advertising and branding are today and that architects have to negotiate these linkages if they want to make meaningful contributions to the contemporary culture of the City.

BDA GALERIE

Veronika Brugger

Die Geschäftsräume des BDA Berlin sind in einem früheren Ladenlokal in dem Quartier zwischen Kurfürstendamm und Savignyplatz, einer Szenegegend des alten, des kulturellen West-Berlin untergebracht. Das große Verkaufsfenster zur Straße drängte sich geradezu auf, als öffentliche Plattform für die Arbeit der BDA Architekten genutzt zu werden – ein Schaufenster für Architektur in und aus Berlin.

Im Oktober 2004 eröffnete die BDA Galerie mit ihrer ersten Ausstellungsreihe zum kostengünstigen und qualitätvollen Bauen. Von Anfang an war das Ziel, auch architekturinteressierte Laien als über Baukultur urteilende Stadtbewohner und als potenzielle Bauherren mit dem Angebot der Galerie zu erreichen. Es sollte nicht Architektur unter architektonischen Fragestellungen gezeigt werden, sondern über Themen, die ein breiteres Publikum beschäftigen, Architektur vermittelt und zur Diskussion gestellt werden.

Mit der ersten Themenreihe wurde daher bewusst ein populäres Thema gewählt: Die drei über ein Jahr verteilten Ausstellungen zum Start der Galerie setzten sich mit dem Vorurteil auseinander, ein

BDA GALLERY

Veronika Brugger

The office of the BDA Berlin is housed in a former shop in the district located between Kurfürstendamm and Savignyplatz, a hip cultural area of the old West Berlin. The large shop window facing the street has served as a welcome public platform to showcase the work of BDA architects, and for architectural projects produced in and located in Berlin.

In October 2004 the BDA Gallery was inaugurated, displaying in its first exhibition series cost-effective high-quality building practice. Since its inception, it has been the goal of the gallery to reach out to laypersons interested in architecture, who, being city dwellers, act as judges of the culture of building and who could become future clients. The aim was not to display architecture in terms of purely architectural issues, but rather to convey and discuss architecture in terms of issues that concern a wider public.

As such, the first exhibition in the series took up a popular concern: the three initial exhibitions, spread out over a year, discussed the preconception that a house designed by an architect is inevitably costlier than one bought off-the-shelf. Concrete examples of detached houses, building conver-

vom Architekten geplantes Haus wäre zwangsläufig teurer als eines „von der Stange". An konkreten Beispielen von Einfamilienhäusern, Umbauten und Gewerbebauten wurde gezeigt, dass architektonische Qualität auch mit niedrigen Kosten zu realisieren ist. 2006 folgten drei Ausstellungen zum nachhaltigen Bauen: innovative Projekte, die durch Planung, Konstruktion und Technologie sowie neue Nutzungskonzepte Beispiel dafür waren, wie Architekten ihrer Verantwortung für die Zukunftsfähigkeit des Bauens Rechnung tragen.

Anlässlich des 50-jährigen Jubiläums des Hansaviertels im Jahr 2007 untersuchte die BDA Galerie, ob sich neue Formen des Zusammenlebens und der Alltagsorganisation auch in aktuellen städtischen Wohnkonzepten niederschlagen. Diese Ausstellungsreihe arbeitete streng mit dem Vergleich der Grundrisse von neuen, aktuell realisierten Projekten.

Insbesondere an der letzten, sehr klassisch architektonischen Ausstellung wurde deutlich, dass die BDA Galerie mittlerweile ein Publikum hat, welches nicht nur populäre „Jedermannsthemen" besucht, sondern auch den auf die Architektur konzentrierten Betrachtungsweisen folgt und sich auf eine angeregte Auseinandersetzung mit den Projekten einlässt. Die Idee, Architektur eben nicht über die populäre Schiene, sondern entlang ihrer Qualitäten zu vermitteln, hat sich damit als belastbar erwiesen. Die Arbeitsweise der BDA Galerie ist ähnlich der einer Autorengalerie. Ein kuratorisches Team entwickelt die Konzepte und wählt die eingereichten Projekte aus. Schon während des ersten Jahres wurde der Kreis der ausstellenden Büros um Kollegen erweitert, die nicht Mitglied im BDA sind. Der Ansatz, Architektur über Fragen aus Sicht der Nutzer zu erschließen, fordert die Büros auf, die Darstellung ihrer Projekte inhaltlich zu konzentrieren und einen anderen Blick auf das eigene Schaffen zu richten.

Die Gestaltung der Ausstellungen ist konzentriert und bewusst nicht effekthascherisch. Ein gut lesbares, einheitliches Layout für die Darstellung der Projekte erzielt Klarheit und erlaubt es auf begrenztem Raum, eine möglichst große Auswahl an Projekten zu zeigen.

Die Ausstellungen sind Versuchsanordnungen, in denen die Projekte in vergleichender Zusammenschau analysiert werden können. Die Besucher werden in die Diskussion über die Fragestellung der Ausstellung verwickelt und nicht mit der reinen Betrachtung architektonischer Gestaltung alleine gelassen. Dieser Zugang schafft die Gelegenheit des qualifizierten Umgangs mit Architektur anhand konkreter Themen und Projekte. Über die Betrachtung der ausgestellten Arbeiten hinaus kommen die Besucher ins Gespräch und nehmen die Ausstellungen zum Anlass, ihre Fragen zu Architektur, ihren eigenen Bauvorhaben und aktuellen Themen der Stadtentwicklung zu diskutieren. Die Galerie ist damit mittlerweile mehr als ein Schaufenster: Neben ihrer Funktion als Präsentationsplattform ist sie ein Lern- und Diskussionsraum für Architekten und Laien geworden und hat sich so als eine Gelenkstelle zwischen Fachwelt und interessierter Öffentlichkeit in Berlin etabliert.

sions and commercial spaces served to show that architectural quality is indeed achievable with low expenses. In 2006 there followed three exhibitions on sustainable building: innovative projects were shown, that have been exemplary in terms of how architects can assume responsibility in making building practice more sustainable in future through the projects' planning, construction, technology and new utilization concepts.
On the occasion of the 50th anniversary of the Hansaviertel in 2007, the BDA Gallery explored whether new forms of community living and of the organization of everyday life were discernible in current urban living concepts. The exhibitions neatly juxtaposed different ground plans of new and current projects.

It has become clear, especially since the last exhibition held in a classic architectural mode, that the BDA Gallery, in the meanwhile, attracts an audience which is not merely interested in popular displays of everyday issues but that is very much able to follow architecture-specific approaches and is willing to actively engage with the projects. As such, the idea that architecture, instead of being presented in a pop mode as it were, but rather in a way that considers its specific qualities, has proven its worth.
The BDA Gallery functions like an author's gallery. A curatorial team develops exhibition concepts and chooses projects to be displayed from among those submitted. Already in the Gallery's first year, the list of exhibiting practices came to include colleagues who had not been members of the BDA. The conceptual approach involves asking architects to view architecture from the vantage point of the user, thereby calling upon practices to display the content of their projects in a concentrated way and to look differently at their own work.
The design of the exhibitions comes across as being to the point without being overbearing. An easily legible and uniform layout for the project displays allows for a high degree of clarity and enables the display of a large range of projects in a limited space.
The exhibitions represent experimental arrangements, in which the projects can be analyzed in a comparative fashion. Visitors become critically engaged with the curated subject of an exhibition, and are not left alone with merely being able to glance at specimens of architectural design. The approach enables a qualified handling of architecture using concrete issues and projects. By looking at the displayed works, visitors enter into conversations and seize the opportunity to discuss their questions on architecture, on their own building projects as well as on current issues of urban development. As such, the Gallery has become more than an architectural "shop window": alongside its role as display platform it has become a learning and discussion space for architects and laypersons alike and has thus established its function as interface between the professional world and the informed public in Berlin.

WEITERBAUEN AN DER SPÄTEN MODERNE

Matthias Seidel, Laufwerk B

Seit 2003 zeigt der BDA Berlin in der Reihe „Weiterbauen" gemeinsam mit dem Landesdenkmalamt Berlin beispielhafte Arbeiten des Bauens im Bestand. Initiiert wurde diese Zusammenarbeit von Laufwerk B – Architektur/Kommunikation.
Die Veränderung des Stadtbilds durch zunehmenden Abriss von Gebäuden des Wiederaufbaus löste im BDA Berlin 2004 die Gründung des Arbeitskreises 50-60-70 aus. Engagierte Architekten nahmen sich vor, die Qualitäten der Bauwerke aus den Nachkriegsjahren sowohl mit der Fachwelt zu diskutieren als auch einem breiten Publikum nahezubringen. Dafür wurden im Rahmen von „Weiterbauen 50-60-70" zwischen September 2005 und April 2006 acht von einer Fachjury ausgewählte Projekte besichtigt. Zum Auftakt der Staffel fand am 10. September 2005, dem Tag des Offenen Denkmals, in der Akademie der Künste am Hanseatenweg eine Podiumsdiskussion statt, die den Umgang mit der Architektur des Wiederaufbaus zum Thema hatte. Als ein wesentliches Ergebnis wurde dabei festgestellt, dass viele Argumente für einen Abriss von Gebäuden dieser Zeitschicht auffällig jenen gleichen, die zum flächendeckenden Abriss der gründerzeitlichen Mietshäuser in den 1970er und 1980er Jahren herangezogen wurden. So wird behauptet, die Bauten seien bautechnisch marode und schon deshalb nicht zu retten, sie wären nicht in wirtschaftlich sinnvoller Weise umzunutzen oder sie seien ästhetisch und funktional grundsätzlich überholt. Das zu widerlegen, war ein Ziel der Veranstalter, welches durch die Besichtigungen auch überzeugend erreicht werden konnte.
Das 50-jährige Jubiläum der West-Berliner Bauausstellung INTERBAU 1957 legte nahe, auch die folgende Staffel den Bauten der ersten drei Nachkriegsjahrzehnte zu widmen. Ein besonderes Augenmerk wurde dabei auf die Freiraumgestaltung gelegt, die für den Städtebau dieser Zeitschicht entscheidende Bedeutung hat. So wurde „Weiterbauen 2007_Späte Moderne" in Kooperation mit dem Bund Deutscher Landschaftsarchitekten, Landesgruppe Berlin-Brandenburg, durchgeführt. Zwischen Mai und Juli 2007 wurden an fünf Besichtigungstagen jeweils mehrere thematisch zusammengefasste Projekte gezeigt. Beide Besichtigungsfolgen erfreuten sich eines durchgehend starken Besucherinteresses. *
Ein Resümee von „Weiterbauen" zur Späten Moderne konnte auf einem abschließenden Symposium im Grips-Theater am 20. September 2007 gezogen werden. Dort stellten sich zudem weiterreichende Fragen zum Thema, wie zur Fortschreibung des Denkmalschutzes über die 1960er Jahre hinaus, zum Umgang mit den häufig noch lebenden Urhebern weiterzubauender Gebäude oder zur künftigen Qualitätssicherung unter dem Druck der Wirtschaftlichkeit. Dabei wurde klar, dass einerseits noch längst nicht alle technischen und gestalterischen Möglichkeiten des Weiterbauens ausgeschöpft sind, andererseits die Anforderungen an die Zukunftsfähigkeit dieser Gebäude weiter wachsen werden.
Als Fazit der Veranstaltungsreihe kann festgehalten werden, dass wesentliche Fragen zum Umgang mit den Bauten der Späten Moderne am konkreten Objekt gestellt und diskutiert wurden. Die vor Ort gezeigten Lösungen machten deutlich, dass deren Ansätze auf eine Vielzahl ähnlicher Fälle übertragbar sind. Die Inaugenscheinnahme von realisierten Maßnahmen in Verbindung mit fachkundigen Erklärungen von Architekten und Denkmalpflegern kann somit zur Versachlichung teilweise leidenschaftlich geführter Debatten beitragen und zudem den Horizont aller Beteiligten auf Dauer erweitern.

* Die gezeigten Projekte sind unter www.laufwerk-b.de/archiv aufgeführt.

CONTINUING TO BUILD ON LATE MODERNITY

Matthias Seidel, Laufwerk B

Since 2003, the BDA Berlin, together with the state office for heritage preservation, has been displaying exemplary built works in historical settings in the exhibition series "Weiterbauen" ("Continuing Building"). This cooperation was initiated by Laufwerk B – Architecture/Communication.

Changes in the urban landscape brought about by the increasing demolition of buildings from the post-war reconstruction era precipitated the founding of the Working Group 50-60-70. Engaged architects endeavored to both discuss the quality of post-war built works with the professional world and to familiarize a wider public with the issue. For this purpose, eight projects, chosen by a professional jury, were visited as part of the "Weiterbauen 50-60-70" initiative between September 2005 and April 2006. As an introduction, a panel discussion on how to deal with architecture from the post-war reconstruction era was held on September 10, 2005, the Day of the Open Memorial, in the Academy of Arts on Hanseatenweg.

An important result that emerged was that many arguments brought forth in favor of demolishing buildings of this time period were strikingly similar to those that were presented in favor of the blanket demolition of period-of-promoterism tenements in the 1970s and 1980s. It was, for example, claimed that the buildings were technically dilapidated and unsound and, for that reason alone, could not be saved; that they could not be converted economically and that they were aesthetically and functionally fundamentally out-dated. It was one of the aims of the organizers to refute these claims which was satisfactorily accomplished by the visits.

The 50th anniversary of the INTERBAU building exhibition of 1957 was seen as an opportunity to dedicate also the following initiative to the buildings of the first post-war years. In the process, a special focus was placed on landscape design which played a key role in the urban planning of this period. As such, "Weiterbauen 2007_Späte Moderne" ("Continuing Building 2007_Late Modernity") was realized in cooperation with the Bund Deutscher Landschaftsarchitekten, Landesgruppe Berlin-Brandenburg. On five visiting days between May and July 2007 several thematically structured projects were shown. Both visiting cycles were enthusiastically taken up by the public.*

Concluding results of the "Weiterbauen" initiative on late modernity were presented at a symposium at the Grips Theater on September 20, 2007. At the occasion, several further questions on the issue also posed themselves, such as extending heritage preservation beyond the period of the 1960s, on how to deal with the initiators of building extensions, many of whom are still alive, or on future quality control measures in view of economic pressures. In the process it became clear that, on the one hand, by far not all technical and design possibilities for continuing building had been exhausted, and on the other, that the requirements regarding the future sustainability of these buildings are expected to grow.

One of the conclusions of the event series was that important questions regarding the handling of the buildings of late Modernism were discussed in relation to concrete objects. The locally reached at solutions made it clear that their approaches can be applicable to a large number of similar cases. The visual inspection of implemented measures coupled with expert advice from architects and monument conservators can thus contribute to objectify passionately held debates and also to widen the horizon of all participants in the long run.

* The displayed projects can be seen at www.laufwerk-b.de/archiv.

BDA STADTSALON

Claus Käpplinger

Die zeitgenössische Stadt mit all ihren Facetten ist das Themenfeld des BDA Stadtsalons, der Architekten, Landschaftsarchitekten, Stadtplaner, Baubeamte, Soziologen, Architekturtheoretiker und -publizisten zu gemeinsamen Diskussionen sechs bis sieben Mal pro Jahr zusammenführt. Organisiert von dem Berliner Architekturkritiker Claus Käpplinger stellen hier wechselnde Referenten unterschiedlichster Professionen neue Perspektiven und Fragen zur Stadt vor, die stets ebenso intensiv wie leidenschaftlich diskutiert werden.

Denn anders als bei vielen Veranstaltungen stehen hier nicht Monologe, sondern die Diskussion unter den Teilnehmern im Mittelpunkt der Abende, die zu Positionsnahmen animieren wollen. Dies ist auch der Grund dafür, dass die Freitagsabendtreffen stets in privaten Räumen – in Wohnungen oder Ateliers – stattfinden und eine Anmeldung für die Teilnahme obligatorisch ist. Denn erst Kontinuität und Partizipation schaffen eine Basis des Vertrauens, die jeden Teilnehmer sich offen äußern lässt.

Damit knüpft der BDA Stadtsalon an seinen Vorläufer, den Stadtsalon an, der, von Claus Käpplinger privat organisiert, 42-mal von 1998 bis 2005 stattfand. Damals wie heute wird jeder Abend mit einem Büfett eingeleitet, das viele private Konversationen und das Abstreifen der Arbeitswoche ermöglicht. Mit der Wiederbelebung dieses Konzeptes hat sich aber der Kreis der Teilnehmer erheblich erweitert. Mehr als 100 Teilnehmer aus Berlin und andernorts stehen nun auf der Einladungsliste, von denen sich 24 bis 40 an einem Abend zu den Diskussionen einfinden. Nun gibt es auch Jahresthemenfelder wie 2007 „Städtebau und Stadtplanung heute" und 2008 „Die Grammatik der Stadt", welche die Auseinandersetzung mit der Stadt mehr fokussieren.

Mit Franz Eberhard, dem Direktor des Amtes für Städtebau in Zürich, begann am 4. Mai 2007 die erste Jahresreihe. „Städtebau in Zürich und China" präsentierte er in seinem Vortrag, der in eine sehr kontrovers geführte Diskussion über die zeitgenössischen Entwicklungsstrategien mündete. Dr. Gerd Kuhn von der Universität Stuttgart thematisierte hingegen im Juni „Wohnungsbau als Baustein der Stadtentwicklung" am Beispiel des neuen Französischen Viertels in Tübingen. Über die Bedeutung von Masterplänen und Partizipation ließ sich an diesem Beispiel leidenschaftlich streiten. Allgemeine Verblüffung überwog bei dem Vortrag „Astana 2030. Der kasachische Traum einer neuen Hauptstadt in der Steppe" von dem Berliner Architekten und Publizisten Philipp Meuser, der Europa als Sonderfall zeitgenössischer Stadtentwicklung thematisierte. Näher war vielen da schon der Vortrag von Bundesstaatssekretär Dr. Lütke Daldrup zur „Nationalen Stadtentwicklungspolitik", der die Möglichkeiten, aber auch die Grenzen nationaler Lösungen im heutigen Europa aufzeigte.

Mit dem jungen Architekten Friedrich von Borries, dem diesjährigen Direktor des Deutschen Pavillons der Biennale von Venedig, wurde die zweite Jahresreihe im Februar 2008 eingeleitet. Verschiedene temporäre Interventionen in den öffentlichen Raum der Stadt von Künstlern, Architekten und Sportkonzernen zeigte er anhand von kurzen Filmen. Eine sehr grundsätzliche Diskussion über die Bedeutung des öffentlichen Raumes folgte seinen Statements, die sehr kontroverse Positionsnahmen provozierten. Mit Prof. Annett Zinsmeister von der Akademie der Bildenden Künste in Stuttgart und ihrem Vortrag „Schöne neue Welt. Konstruktionen der Utopie und im Virtuellen" wurde dann kaum weniger leidenschaftlich der begonnene Dialog über die Stadt im virtuellen Zeitalter fortgesetzt. Zu den Stadtmodellen des 20. Jahrhunderts hingegen führte „Sprachwechsel" von Prof. Hartmut Frank von der Hafencity Universität Hamburg. In die Gegenwart kehrte man wieder im Juni mit dem Wiener Stadtsoziologen Dr. Oliver Frey zurück, der die kreativen Milieus und ihre Formen der Stadtaneignung mit seinem „Konzept der Amalgamen Stadt" neu zu fassen versuchte.

BDA STADTSALON

Claus Käpplinger

The subject of the BDA Stadtsalon ("Urban Debating Room") is the contemporary city with all its facets, bringing together architects, landscape architects, urban planners, building officials, sociologists, architecture theorists and publicists for collective discussion sessions six to seven times a year. Organized by the Berlin architecture critic, Claus Käpplinger, the event introduces speakers from a wide range of professional backgrounds and their views and questions on the city, allowing for ever intensive and passionate discussion sessions.

Unlike many other events, the purpose of the BDA Stadtsalon is not to present lengthy monologues, but rather to have an evening of discussions among participants who are encouraged to debate their views. This is also the reason why the events, held on Friday evenings, always take place in a private space, in apartments or studios, for example, and why registering for participation is obligatory. For it is only by way of continuity and participation that a basis for trust is created that enables every participant to freely present his/her views.

This arrangement took its inspiration from the BDA Stadtsalon's predecessor which was simply known as Stadtsalon. Privately organized by Claus Käpplinger, it took place 42 times from 1998 to 2005. Then as now, every evening starts with a buffet enabling guests to talk informally and to unwind from the week's work. In the updated version of this event concept, however, there are many more participants. More than 100 participants from Berlin and elsewhere are now on the guest list, of whom 24 to 40 come for the discussions on any one evening. The events are now also structured around yearly issues of focus, such as "Urban Development and City Planning Today" in 2007 and "The Grammar of the City" in 2008 that serve to better focus debates on the city. Together with Franz Eberhard, the director of the department for urban development in Zurich, the first debate with a yearly focus began on May 4, 2007. His lecture on „Urban Development in Zurich and in China" led into a controversial discussion on contemporary development strategies.

Dr. Gerd Kuhn from the University of Stuttgart, on the other hand, thematized "Residential Buildings as Building Blocks for Urban Development" in June, taking as an example the new French Quarter in Tübingen. This served as an excellent example to passionately argue over the meaning of master plans and participation. The lecture "Astana 2030. The Kazakh Dream of a new Capital City in the Steppe" by the Berlin architect and publicist Philipp Meuser presented Europe as being an exceptional case in the wider context of contemporary urban development which left many participants somewhat bewildered. Sounding more familiar to many was the lecture by Federal State Secretary Dr. Lütke Daldrup on "National Urban Development Policy" which pointed out both the possibilities and the limits of national solutions in the context of the Europe of today.

Together with the young architect Friedrich von Borries, the director of the German Pavilion at this year's Biennale in Venice, the second debate with a yearly focus began in February 2008. He showed various temporary interventions by artists, architects and sport companies inserted into the public space of the city, displaying them as short films. Following his controversial statements there was a very fundamental discussion on the meaning of public space. The animated discussion continued with Professor Annett Zinsmeister's lecture "Brave New World. Constructions of Utopia and of the Virtual", continuing the ongoing debate on the city in the age of virtuality. At another juncture, Prof. Hartmut Frank from the Hafencity University Hamburg, with his lecture "Change of Language," took up city models of the twentieth century. Held on a more contemporary topic was the talk of the Viennese urban sociologist Dr. Oliver Frey and his "Concept of the Amalgam City" that attempted to reformulate creative milieus and their appropriation of the city.

ANHANG APPENDIX

Geschäftstelle

Bund Deutscher Architekten BDA
Landesverband Berlin e.V.
Mommsenstraße 64
10629 Berlin
Tel. 88683206 I Fax 88683216
info@bda-berlin.de I www.bda-berlin.de

Referentin der Geschäftsstelle: Petra Vellinga

Adressverzeichnis

Landesvorstand:

Vorsitzende
Dipl.-Ing.
Christine Edmaier
Büro für Architektur und Städtebau
Emser Straße 40
10719 Berlin
Tel. 030-2791655
Fax 030-2790205
Christine.Edmaier@t-online.de
www.Christine-Edmaier.de

Stellvertretender Vorsitzender:
Dipl.-Ing.
Hermann Scheidt
Scheidt Kasprusch
Gesellschaft von Architekten mbH
Schlesische Straße 29/30,
Aufgang M
10997 Berlin
Tel. 030-88683277
Fax 030-88683278
info@SKA-Architekten.de
www.SKA-Architekten.de

Prof. Dipl.-Ing.
Claus Anderhalten
Anderhalten Architekten
Köpenicker Straße 48/49
10179 Berlin
Tel. 030-2789440
Fax 030-27894411
architekten@anderhalten.de
www.anderhalten.de

Dipl.-Ing.
Friedhelm Haas
Haas Architekten
Busseallee 18
14163 Berlin
Tel. 030-83229820
Fax 030-83229825
info@haas-architekten.de
www.haas-architekten.de

Dipl.-Ing.
Thomas Kaup
Kaup + Wiegand Architekten BDA
Mommsenstraße 57
10629 Berlin
Tel. 030-4462126
Fax 030-4462936
info@kaupwiegand.de
www.kaup-wiegand.de

Dipl.-Ing.
Carola Schäfers
Carola Schäfers Architekten BDA
Bundesallee 19
10717 Berlin
Tel. 030-88677866
Fax 030-88677868
info@csa-berlin.de
www.csa.de

Dipl.-Ing.
Andreas Zerr
Zerr . Hapke . Nieländer Architekten
Goethestraße 72
10625 Berlin
Tel. 030-31806684,85
Fax 030-31806686
post@zhn-architekten.de
www.zhn-architekten.de

Ordentliche Mitglieder

Dipl.-Ing.
Rupert Ahlborn
Rupert Ahlborn & Partner
Giesebrechtstraße 3
10629 Berlin
Tel. 030-8827091
Fax 030-8824670
architekten@ahlborn undpartner.de
www.ahlbornundpartner.de

Seite: 26
Prof. Dipl.-Ing.
[1] **Bernd Albers**
Segitzdamm 2
10969 Berlin
Tel. 030-6159151
Fax 030-6159248
mail@berndalbers-berlin.de
www.berndalbers-berlin.de

Dipl.-Ing.
Andrew Alberts
Alte Allee 17
14055 Berlin
Tel. 030-3421916
andrew.d.alberts@googlemail.com

Seite: 114
Dipl.-Ing.
Hans Werner Albrecht
Numrich Albrecht Klumpp
Kohlfurter Straße 41–43
10999 Berlin
Tel. 030-61676920
Fax 030-6159259
info@nak-architekten.de
www.nak-architekten.de

Seite: 28
Prof. Dipl.-Ing.
Claus Anderhalten
[2] **Anderhalten Architekten**
Köpenicker Straße 48/49
10179 Berlin
Tel. 030-2789440
Fax 030-27894411
architekten@anderhalten.de
www.anderhalten.de

Seite: 30
Prof. Dipl.-Ing.
[3] **Peter Arnke**
Arnke Häntsch Mattmüller Architekten BDA
Kluckstraße 8
10785 Berlin
Tel. 030-6122062
Fax 030-6187093
office@ahm-architekten.de
www.ahm-architekten.de

Seite: 32
Dr.-Ing.
[4] **Rainer Autzen**
Autzen & Reimers
Hufelandstraße 22
10407 Berlin
Tel. 030-4211061
Fax 030-4211064
architekten@autzen-reimers.de
www.autzen-reimers.de

Seite: 118
Dipl.-Ing.
[5] **Michael Bäckmann**
Quick Bäckmann Quick + Partner
Kaiserstraße 24
14109 Berlin
Tel. 030-80585720
Fax 030-80585710
qbq@qbq-architekten.de
www.qbq.-architekten.de

[1]

[2]

[3]

[4]

[5]

Dipl.-Ing.
Klaus Baesler
Otto-Suhr-Allee 25
10585 Berlin
Tel. 030-3420638
Fax 030-3420638
klausbaesler@t-online.de

Dipl.-Ing.
Ernst-Friedrich Bartels
Emser Straße 40
10719 Berlin
Tel. 030-3125225
Fax 030-3121351

Dipl.-Ing.
Jan Christoph Bassenge
BHPS Architektengemeinschaft
Fasanenstraße 71
10719 Berlin
Tel. 030-8871410
Fax 030-88714166
mail@bhps-architekten.de

Dipl.-Ing.
Joachim Bath
Kuno-Fischer-Straße 14
14057 Berlin
Tel. 030-30109627
Fax 030-30308764
j.bath@ferjuschin.com

Dipl.-Ing.
Roger Baumgarten
Baumgarten Simon Architekten
Danckelmannstraße 9
14059 Berlin
Tel. 030-43727270
Fax 030-43727280
info@baumgartensimon.de
www.baumgartensimon.de

Seite: 34
Dipl.-Ing.
Andreas R. Becher
[6] **Becher Rottkamp Generalplanung**
Gesellschaft von Architekten mbH
Lietzenburger Straße 51
10789 Berlin
Tel. 030-6959240
Fax 030-69592422
mail@becher-rottkamp.de
www.becher-rottkamp.de

Seite: 36
Dipl.-Ing.
Eike Becker
[7] **Eike Becker_Architekten**
Charlottenstraße 4
10969 Berlin
Tel. 030-2593740
Fax 030-25937411
info@eb-a.de
www.eb-a.de

Seite: 38
Dipl.-Ing.
Armin Behles
Behles & Jochimsen
Gesellschaft
von Architekten BDA
Nürnberger Straße 8
10787 Berlin
Tel. 030-325948360
Fax 030-325948380
eingang@behlesjochimsen.de
www.behlesjochimsen.de

Dipl.-Ing.
Wolfram Belz
Krüger Belz Günther
Architekten
Frankfurter Tor 1
10243 Berlin
Tel. 030-4202696-0
Fax 030-4202696-19
wolfram.belz@kgb-
architekten.de
www.kgb-architekten.de

Dipl.-Ing.
Wolfgang Bergknecht
Stadtplanung Bergknecht
Heinrich-Heine-Straße 23
10179 Berlin
Tel. 030-25762591
Fax 030-25762592
bergknecht@aol.com

Dipl.-Ing.
Dieter Bertel
Rosenorter Steig 7
13503 Berlin
Tel. 030-4913051
Fax 030-4926357
archbertel@aol.com

Dipl.-Ing.
Wolf Bertelsmann
Bertelsmann + Partner
Kaiserdamm 88
14057 Berlin
Tel. 030-3069140
Fax 030-30691460
bertelsmann@arch-bup.de
www.arch-bup.de

Seite: 40
Dipl.-Ing.
Bernd Bess
Bernd Bess Architekten
Ackerstraße 162
10115 Berlin
Tel. 030-23456830
info@berndbess.de
www.berndbess.de

Dipl.-Ing.
Wilfried Bete
Kiefholzstraße 402
12435 Berlin
Tel. 030-34998130
Fax 030-349981322
bete@bete-architekt.de
www.bete-architekt.de

Dipl.-Ing.
Dietrich von Beulwitz
Sodener Straße 24
14197 Berlin
Tel. 030-85728806
Fax 030-85728808
architekten@vonbeulwitz-
berlin.de

Dipl.-Ing.
Lutz Beusterien
Prinzessinnenstraße 1
10969 Berlin
Tel. 030-6143019
Fax 030-6143010
beusterien@t-online.de

Jürgen Bielski
Terassenstraße 37
14129 Berlin
Tel. 030-8821058
Fax 030-8824029

Dr.-Ing.
Bernhard Binder
Kronberger Straße 10
14193 Berlin
Tel. 030-8959340
Fax 030-89593499

Seite: 42
Dipl.-Ing.
[8] **Klaus Block**
Sieglindestraße 5
12159 Berlin
Tel. 030-85963051
Fax 030-85963052
office@klausblock.de
www.klausblock.de

Dipl.-Ing.
Tilman Bock
Tilman Bock Norbert Sachs
Architekten
Knesebeckstraße 88/87
10623 Berlin
Tel. 030-23620001
Fax 030-23620019
t.bock@bock-sachs-architekten.de
www.bock-sachs-architekten.de

Prof. Dipl.-Ing.
Helge Bofinger
Helge Bofinger + Partner
Köpenicker Straße 48/49
10179 Berlin
Tel. 030-2786554
Fax 030-061187095
bofinger@bofinger-partner.de
www.bofinger-partner.de

Dipl.-Ing.
Fritz Böger
Oldenburgallee 55
14052 Berlin
Tel. 030-3046701
Fax 030-3046701
fritz.boeger@freenet.de

Dipl.-Ing.
Dietrich Bolz
An der Rehwiese 10
14129 Berlin
Tel. 030-8032223
Fax 030-8032223

Dipl.-Ing. M.S.
Friedrich Karl Borck
Architekten Borck und Boye
Uhlandstraße 47
10719 Berlin
Tel. 030-3135009
Fax 030-3138545
arch.bbs@snafu.de

Dipl.-Ing.
Rudolf Böttcher
Charlottenburger Ufer 3a
10785 Berlin
Tel. 030-8817270
Fax 030-8813444

Seite: 44
Prof. Dipl.-Ing.
[9] **Michael Braum**
Michael Braum und Partner
StadtArchitekturLandschaft
Teplitzer Straße 34
14163 Berlin
Tel. 030-850705720
Fax 030-850705710
info@mbup.de
www.cbb-berlin.de

Seite: 46
Dipl.-Ing.
[10] **Winfried Brenne**
Architekten
Rheinstraße 45
12161 Berlin
Tel. 030-8590790
Fax 030-8594063
mail@brenne-architekten.de
www.brenne-architekten.de

[6]

[7]

[8]

[9]

[10]

Peter Brinkert
Sächsische Straße 61
10707 Berlin
Tel. 030-86420255
office@brinkert-architekt.de

Prof.
Pi de Bruijn
de Architekten Cie
Keizersgracht 126
1015 CW Amsterdam
Tel. 0031-(0)20 5309300
Fax 0031-(0)20 5309399
info@cie.nl
www.cie.nl

Seite: 48
Dipl.-Ing.
[11] **Jens Casper**
Schinkestraße 8–9
12047 Berlin
Tel. 030-61209700
Fax 030-612097042
www.jenscasper.com

Seite: 50
Dipl.-Ing.
[12] **Oliver Collignon**
Collignon Architektur
Wielandstraße 17
10629 Berlin
Tel. 030-3151810
Fax 030-31518110
mail@collignonarchitektur.com
www.collignonarchitektur.com

Seite: 54
Dipl.-Ing.
Julia Dahlhaus
dmsw Bürogemeinschaft für Architektur und Landschaft
Mariannenstraße 7A
10997 Berlin
Tel. 030-61658061
Fax 030-61658062
mail@dmsw.net
www.dmsw.net

Dipl.-Ing.
Ralf-Dieter Dähne
Konstanzer Straße 6
10707 Berlin
Tel. 030-8827494
Fax 030-8825996

H.-Dieter de Wolff
Taylorstraße 8
14195 Berlin
Tel. 030-88669414
Fax 030-89373249
de.Wolff@t-online.de

Dipl.-Ing.
Christian Dierkes
An der Rehwiese 7 b
14129 Berlin
Tel. 030-8035625
Fax 030-80588426
dierkes_home@t-online.de

Dipl.-Ing.
Stephan Dietrich
Damaschkestraße 8–10
10711 Berlin
Tel. 030-8818529
Fax 030-8816732
mail@stephandietrich.de

Frits van Dongen
de Architekten Cie
Keizersgracht 126
1015 CW Amsterdam
Tel. 0031-(0)20 5309300
Fax 0031-(0)20 5309399
info@cie.nlarch@cie.nl
www.cie.nl

Dipl.-Ing.
Dietrich Dörschner
Hohenzollerndamm 27a
10713 Berlin
Tel. 030-8621381
Fax 030-8621716
doerschner@arch-atelier.de

Dipl.-Ing.
Hans Jörg Duvigneau
Wasgenstraße 39
14129 Berlin
Tel. 030-8018439
Fax 030-80195713
hjduvigneau@aol.com

Dipl.-Ing.
Günther Saleh Dybe
Tannenbergallee 36
14055 Berlin
Tel. 030-3042137
Fax 030-3042137

Seite: 56
Dipl.-Ing.
[13] **Jörg Ebers**
ebers Architekten
Brunnenstraße 10
10119 Berlin
Tel. 030-280 479 68
Fax 030-280 479 83
info@ebers-architekten.de
www.ebers-architekten.de

Dipl.-Ing.
Dieter Eckert
ENS Architekten
Eckert Negwer Suselbeek
Oranienplatz 4
10999 Berlin
Tel. 030-6141113
Fax 030-6159107
info@eckertnegwersuselbeek.de
www.eckertnegwersuselbeek.de

Seite: 58
Dipl.-Ing.
[14] **Christine Edmaier**
Büro für Architektur und Städtebau
Emser Straße 40
10719 Berlin
Tel. 030-2791655
Fax 030-2790205
Email auf telefonische Anfrage
www.Christine-Edmaier.de

Dipl.-Ing.
Reinhold Ehlers
Ehlers Architekten BDA
Am Heidehof 36
14163 Berlin
Tel. 030-54711695
Fax 030-80904894
ehlers@ehlers-architekten.de

Erwin Eickhoff
Badenallee 1
14052 Berlin
Tel. 030-30823536
Fax 030-30823537

Dipl.-Ing.
Peter Eingartner
Eingartner Khorrami Architekten
Gneisenaustraße 66–67
10961 Berlin
Tel. 030-61286298
Fax 030-61287260
berlin@eingartner-khorrami.de

Prof. Dr. Dipl.
Wolf R. Eisentraut
Krumme Straße 75
10585 Berlin
Tel. 030-2641628
Fax 030-25793747

Dipl.-Ing.
Tobias Engelschall
T. Engelschall + O. Pälmke
Architekten Projektgem. GbR
Choriner Straße 32
10435 Berlin
Tel. 030-61656976
Fax 030-61656977
mail@tobiasengelschall.de
www.tobiasengelschall.de

Dipl.-Ing.
Christian Enzmann
Schlesische Straße 29/30
10997 Berlin
Tel. 030-6114662
Fax 030-6113616
ee@enzmann-ettel.de
www.mediapolis-tm.de

Seite: 61
Dipl.-Ing.
[15] **Christine Ern-Heinzl**
ern+ heinzl Architekten
Holsteinische Straße 28
10717 Berlin
Tel. 030-23628711
Fax 030-23628712
architekten@ernheinzl.com
www.ernheinzl.com

Seite: 70
Dipl.-Ing.
Almut Ernst
[16] **Grüntuch Ernst Architekten**
Auguststraße 51
10119 Berlin
Tel. 030-3087788
Fax 030-3087787
mail@gruentuchernst.de
www.gruentuchernst.de

Prof. Dipl.-Ing.
Mathias Essig
y.es Gesellschaft v. Architekten
Garystraße 86
14195 Berlin
Tel. 030-8816759
Fax 030-8824569
architekten@yamaguchi-essig.de
www.yamaguchi-essig.de

Dr.-Ing.
Bernd Ettel
Schlesische Straße 29/30
10997 Berlin
Tel. 030-6114662
Fax 030-6113616
ettel@mediapolis-tm.de
www.mediapolis-tm.de

Dipl.-Ing.
Johannes Fehse
Freie Planungsgruppe
Berlin GmbH FPB
Giesebrechtstraße 10
10629 Berlin
Tel. 030-8839011
Fax 030-8839020
j.fehse@fpb.de
www.fpb.de

[11]

[12]

[13]

[14]

[15]

[16]

Dipl.-Ing.
Katharina Feldhusen
ff-Architekten
Feldhusen und Fleckenstein
Oranienplatz 5
10999 Berlin
Tel. 030-61280513
Fax 030-61280515
katharina.feldhusen@ff-architekten.de
www.ff-architekten.de

Prof. Dipl.-Ing.
Axel Finkeldey
Stubenrauchstraße 66
12161 Berlin
Tel. 030-8523557
Fax 030-8529366

Dipl.-Ing.
Florian Fischötter
Poststraße 51
20354 Hamburg
Tel. 040-30997780
Fax 040-309977810
mail@ff-a.net
www.ff-a.net

Dipl.-Ing.
Peter Rainer Flucke
eins bis neun Architekten
Schillerstraße 94
10625 Berlin
Tel. 030-28094126
Fax 030-28094128

Dipl.-Ing.
Birgit Frank
Krischanitz & Frank
Architekten ZT GmbH
Xantener Straße 9
10707 Berlin
Tel. 030-31506203
Fax 030-3124883
b.frank@krischanitzundfrank.com

Dipl.-Ing.
Bernhard Freund
Kaiserdamm 14
14057 Berlin
Tel. 030-32605155
Fax 030-32605059
freund@gutachtenerstattung.de
www.gutachtenerstattung.de

Seite: 140
Dipl.-Ing.
Martin Froh
Bernhard Winking
Architekten BDA
Sophienstraße 22 a
10178 Berlin
Tel. 030-2830280
Fax 030-28302828
froh@winking.de
www.winking.de

Seite: 72
Dipl.-Ing.
[17] **Silke Gehner-Haas**
Haas Architekten
Busseallee 18
14163 Berlin
Tel. 030-83229820
Fax 030-83229825
info@haas-architekten.de

Seite: 62
Dipl.-Ing.
Bettina Georg
Georg Scheel Wetzel
Architekten
Marienstraße 10
10117 Berlin
Tel. 030-27572470
Fax 030-27572477
buero@gsw-architekten.de
www.georgscheelwetzel.com

Seite: 64
Dipl.-Ing.
Carsten Gerhards
[18] **Gerhards & Glücker Architekten**
Leuschnerdamm 13
10999 Berlin
Tel. 030-24723817
Fax 030-24723819
office@gerhardsgluecker.com
gerhardsgluecker.com

Prof.
Meinhard von Gerkan
Gerkan Marg und Partner
Hardenbergstraße 4–5
10623 Berlin
Tel. 030-617855
Fax 030-61785601
berlin@gmp-architekten.de

Dipl.-Ing.
Georg Gewers
Gewers & Partner GPAI mbH
Schlesische Straße 27, Haus C
10997 Berlin
Tel. 030-695 988 00

Prof. Dipl.-Ing.
Gisela Glass
Glass Kramer Löbbert
Architekten BDA
Schlesische Straße 27
10997 Berlin
Tel. 030-61740736
Fax 030-61740737
glass@glasskramerloebbert.de
glasskramerloebbert.de

Seite: 64
Dipl.-Ing.
Andreas Glücker
[18] **Gerhards & Glücker Architekten**
Leuschnerdamm 13
10999 Berlin
Tel. 030-24723817
Fax 030-24723819
office@gerhardsgluecker.com
gerhardsgluecker.com

Dipl.-Ing.
Fritz Gras
Vionvillestraße 11
12167 Berlin
Tel. 030-7716482

Dipl.-Ing.
Ulrich Greiwe
Argentinische Allee 17
14163 Berlin
Tel. 030-8112000
Fax 030-81294196
greiwearchitekten@gmx.net

Seite: 108
Dipl.-Ing.
Jan Große
[19] **Meyer Große Hebestreit**
Sommerer
Greifswalder Straße 9
10405 Berlin
Tel. 030-42802667
Fax 030-42802672
architekten@mghs.de

Dipl.-Ing.
Michael Großmann
Weinmiller Architekten GBR
Kurfürstendamm 178–179
10707 Berlin
Tel. 030-88714370
grossmann@weinmiller.de
www.weinmiller.de

Seite: 68
Dipl.-Ing.
[20] **Doris Gruber**
Gruber + Popp Architekten BDA
Am Spreebord 5
10589 Berlin
Tel. 030-68809665
Fax 030-68809666
architekten@gruberpopp.de
www.gruberpopp.de

Seite: 70
Dipl.-Ing.
Armand Grüntuch
[16] **Grüntuch Ernst Architekten**
Auguststraße 51
10119 Berlin
Tel. 030-3087788
Fax 030-3087787
mail@gruentuchernst.de
www.gruentuchernst.de

Dipl.-Ing.
Susanne Günther
Krüger Belz Günther Architekten
Frankfurter Tor 1
10243 Berlin
Tel. 030-4202696-0
Fax 030-4202696-19
susanne.guenther@kgb-architekten.de
www.kgb-architekten.de

Seite: 72
Dipl.-Ing.
[21] **Friedhelm Haas**
Haas Architekten
Busseallee 18
14163 Berlin
Tel. 030-83229820
Fax 030-83229825
info@haas-architekten.de
www.haas-architekten.de

Seite: 74
Dipl.-Ing.
[22] **Jost Haberland**
Haberland Architekten
Sentastraße 3
12159 Berlin
Tel. 030-61628708
Fax 030-61628698
info@haberland-berlin.de
www.haberland-berlin.de

Dr.-Ing.
Bernd Halbach
An der Rehwiese 2
14129 Berlin
Tel. 030-8035862

[17]

[18]

[19]

[20]

[21]

[22]

Dipl.-Ing.
Gisela Hammes
Terrassenstraße 39
14129 Berlin
Tel. 030-8013291

Dipl.-Ing.
Manfred Hantke
Tellheimstraße 15 a
14129 Berlin
Tel. 030-8031580
Fax 030-8032817
m-hantke@lycosxxl.de

Dipl.-Ing.
Markus N. Hastenteufel
Hastenteufel Architekten BDA
Emser Straße 46
10719 Berlin
Tel. 030-4566666
Fax 030-4566664
mail@hastenteufel.de
www.hastenteufel.de

Seite: 76
Dipl.-Ing.
Tim Heide
[23] **Heide & von Beckerath**
Architekten BDA
Kurfürstendamm 173
10707 Berlin
Tel. 030-8851879
Fax 030-8852095
mail@heidevonbeckerath.com
www.heidevonbeckerath.com

Dipl.-Ing.
Hans Heidenreich
Falckensteinstraße 10
12307 Berlin
Tel. 030-7445883
Fax 030-7445883

Dipl.-Ing.
Gottfried Hein
Hein und Partner
Tschaikowskystraße 46
13156 Berlin
Tel. 030-4438040
Fax 030-44380411
hwp-berlin@onlinehome.de

Dipl.-Ing.
Herbert Heinke
Ulmenallee 13
14050 Berlin
Tel. 030-3019651
Fax 030-3019144

Dipl.-Ing.
Johannes Heinrich
BHPS Architektengemeinschaft
Fasanenstraße 71
10719 Berlin
Tel. 030-8871410
Fax 030-88714166
mail@bhps-architekten.de
www.bhps-architekten.de

Seite: 120
Dipl.-Ing.
Reimar Herbst
ReimarHerbst.Architekten
Oranienstraße 183
10999 Berlin
Tel. 030-61656667
Fax 030-61656669
mail@reimarherbstarchitekten.de
www.reimarherbstarchitekten.de

Dipl.-Ing.
Wolfgang von Herder
GAP Gesellschaft f. Architektur
und Projektmanagement mbh
Schöneberger Straße 15
10963 Berlin
Tel. 030-2579460
Fax 030-25794666
mail@gap-arch.de

Dipl.-Ing.
Johann Philipp Heydel
Kluckstraße 10
10785 Berlin
Tel. 030-21967668
Fax 030-21967688
Heydel@BauNetz.de

Dipl.-Ing.
Andreas Hierholzer
Kurfürstendamm 173
10707 Berlin
Tel. 030-88679970
Fax 030-8835451
hierholzer@hierholzer-architek-
ten.de
www.hierholzer-architekten.de

Dipl.-Ing.
Oskar Hillmann
Ernst-Thälmann-Straße 48
14532 Kleinmachnow
Tel. 033203-20066
Fax 033203-21002
beate.douglas@t-online.de

Seite: 82
Dipl.-Ing.
[24] **Markus Hirschmüller**
Hoyer Schindele Hirschmüller
Wolliner Straße 18/19
10435 Berlin
Tel. 030-44358855
Fax 030-44358857
office@hoyerundschindele.de
www.hoyerundschindele.de

Dipl.-Ing.
Thomas Höger
Höger Architekten BDA
Flatowallee 16/804
14055 Berlin
Tel. 030-6914816
Fax 030-6943628
thomas.hoeger@smv.com
www.hoegerpartner.de

Seite: 80
Dipl.-Ing.
[25] **Stephan Höhne**
Höhne Architekten
Caroline-von-Humboldt-Weg 38
10117 Berlin
Tel. 030-88723920
Fax 030-88723901
hoehne-arc@t-online.de
www.hoehne-architekten.de

Dipl.-Ing.
Benjamin Hossbach
phase eins
Cuxhavener Straße 12–13
10555 Berlin
Tel. 030-3159310
Fax 030-3121000
hossbach@phase1.de
www.phase1.de

Seite: 82
Dipl.-Ing.
[26] **Florian Hoyer**
Hoyer Schindele Hirschmüller
Wolliner Straße 18/19
10435 Berlin
Tel. 030-44358855
Fax 030-44358857
office@hoyerundschindele.de
www.hoyerundschindele.de

Seite: 84
Dipl.-Ing.
Christian Huber
[56] **huber staudt architekten**
Kurfürstendamm 11
10719 Berlin
Tel. 030-88001080
Fax 030-88001099
info@huberstaudtarchitekten.de
www.huberstaudtarchitekten.de

Seite: 38
Dipl.-Ing.
Jasper Jochimsen
Behles & Jochimsen
Gesellschaft
von Architekten BDA
Nürnberger Straße 8
10787 Berlin
Tel. 030-325948360
Fax 030-325948380
eingang@behlesjochimsen.de
www.behlesjochimsen.de

Dipl.-Ing.
Werner Jockeit
Gierkezeile 33
10585 Berlin
Tel. 030-3411014
Fax 030-3411014
jockeitbas@aol.com
www.jockeit.de

Prof. Dipl.-Ing.
Jörg Joppien
Jörg Joppien Architekten
BDA, IAKS
Flemingstraße 10
10557 Berlin
Tel. 030-20450690
Fax 030-20450692
mail@joerg-joppien.de
www.joerg-joppien.de

Dipl.-Ing.
Hans Jürgen Juschkus
Teplitzer Straße 34
14193 Berlin
Tel. 030-8929041
Fax 030-8913758

Prof. Dipl.-Ing.
Petra Kahlfeldt
Kahlfeldt Architekten
Kurfürstendamm 58
10707 Berlin
Tel. 030-3277980
Fax 030-32779829
petra@kahlfeldt-architekten.de
www.kahlfeldt-architekten.de

[23]

[24]

[25]

[26]

[27]

[28]

[29]

Seite: 126
Dipl.-Ing.
[27] **Frank Kasprusch**
Scheidt Kasprusch
Gesellschaft von Architekten mbH
Schlesische Straße 29/30,
Aufgang M
10997 Berlin
Tel. 030-88683277
Fax 030-88683278
info@SKA-Architekten.de
www.SKA-Architekten.de

Seite: 86
Dipl.-Ing.
[28] **Thomas Kaup**
Kaup + Wiegand Architekten BDA
Mommsenstraße 57
10629 Berlin
Tel. 030-4462126
Fax 030-4462936
info@kaupwiegand.de
www.kaup-wiegand.de

Dipl.-Ing.
Alexander Khorrami
Eingartner Khorrami Architekten
Gneisenaustraße 66–67
10961 Berlin
Tel. 030-61286298
Fax 030-61287260
berlin@eingartner-khorrami.de

Prof. Dipl.-Ing
Luise King
Architektin BDA - Städtebau
Einsteinufer 59
10587 Berlin
Tel. 030-3413301
Fax 030-3413301

Seite: 88
Dipl.-Ing.
[29] **Jan Kleihues**
Kleihues + Kleihues
Gesellschaft v. Architekten mbH
Helmholtzstraße 42
10587 Berlin
Tel. 030-3997790
Fax 030-39977977
berlin@kleihues.com
www.kleihues.com

Seite: 90
Dipl.-Ing.
[30] **Holger Kleine**
Holger Kleine Architekten
Lützowstraße 102–104
10785 Berlin
Tel. 030-25358930
Fax 030-25358940
info@holgerkleinearchitekten.de
www.holgerkleinearchitekten.de

Seite: 92
Dipl.-Ing.
[31] **Timm Kleyer**
kleyer.koblitz.architekten
kleyer.koblitz.letzel.freivogel
gesellschaft von architekten mbH
Oranienstraße 25
10999 Berlin
Tel. 030-695808660
Fax 030-695808680
mail@kleyerkoblitz.de
www.kleyerkoblitz.de

Dipl.-Ing.
Sabine Klose
Friedrich-Wilhelm-Platz 13
12161 Berlin
Tel. 030-8518783
Fax 030-8518802

Dipl.-Ing.
Dietmar Kloster
Lützowstraße 102
10785 Berlin
Tel. 030-2542180
Fax 030-25421820
d.kloster@dkarchitekten.de

Dipl.-Ing.
Michael Kny
Kny und Weber Architekten
Köpenicker Straße 48/49
10179 Berlin
Tel. 030-2787300
Fax 030-27873022
info@kny-weber.de

Seite: 92
Dipl.-Ing.
[32] **Christian Koch**
Belziger Straße 44
10823 Berlin
Tel. 030-3136013
Fax 030-8543491
christian.koch@berlin.de

Seite: 96
Dipl.-Ing.
[33] **Brigitte Kochta**
Prinzessinnenstraße 1
10969 Berlin
Tel. 030-61401401
Fax 030-61401401
brigittekochta@gmx.de
www.kochta.com

Seite: 98
Dipl.-Ing.
[34] **Jürgen König**
Deubzer König Architekten
Knesebeckstraße 77
10623 Berlin
Tel. 030-8852201
Fax 030-8852205

Dipl.-Ing.
Johan Kramer
Glass Kramer Löbbert Architekten
Schlesische Straße 27
10997 Berlin
Tel. 030-61740736
Fax 030-61740737
kramer@glasskramerloebbert.de
www.glasskramerloebbert.de

Dr.-Ing.
Stephan Krause
Mühlenstraße 77
13187 Berlin
Tel. 030-4852240
Fax 030-48637747
info@krause-architekt.de
www.krause-architekt.de

Seite: 66
Dipl.-Ing.
[35] **Lars Krückeberg**
GRAFT-Gesellschaft
von Architekten mbH
Heidestraße 50
10557 Berlin
Tel. 030-240 479 85
Fax 030-240 479 87
www.graftlab.com

Dipl.-Ing.
Thomas M. Krüger
Krüger Belz Günther Architekten
Frankfurter Tor 1
10243 Berlin
Tel. 030-4202696-0
Fax 030-4202696-19
t.m.krueger@ticket-b.de
www.kgb-architekten.de

Dipl.-Ing.
Torsten Krüger
KSV Krüger Schubert Vandreike
Brunnenstraße 196
10119 Berlin
Tel. 030-2830310
Fax 030-28303110
ksv@ksv-network.de
www.ksv-network.de

Seite: 100
Dipl.-Ing.
Oliver Kühn
[36] **GKK+Architekten Gesellschaft**
von Architekten mbH
Pariser Straße 1
10719 Berlin
Tel. 030-2830820
Fax 030-28308253
info@gkk-architekten.de
www.gkk-architekten.de

Seite: 100
Prof. Dipl.-Ing.
Swantje Kühn
[36] **GKK+Architekten**
Gesellschaft von Architekten mbH
Pariser Straße 1
10719 Berlin
Tel. 030-2830820
Fax 030-28308253
info@gkk-architekten.de
www.gkk-architekten.de

Prof. Dipl.-Ing.
Christoph Langhof
LANGHOF Planungsgesellschaft
mbH
Linienstraße 214
10119 Berlin
Tel. 030-8847980
Fax 030-8812617
berlin@langhof.com
www.langhof.com

Seite: 102
Dipl.-Ing.
[37] **Jakob Lehrecke**
Gesellschaft von Architekten mbH
Lärchenweg 33
14055 Berlin
Tel. 030-3025353
Fax 030-3029291
lehrecke-architekten@t-online.de

Seite: 102
Prof. Dipl.-Ing
Peter Lehrecke
Gesellschaft von Architekten mbH
Lärchenweg 33
14055 Berlin
Tel. 030-3025353
Fax 030-3029291
lehrecke-architekten@t-online.de

Dipl.-Ing.
Regine Leibinger
Barkow Leibinger Architekten
Schillerstraße 94
10625 Berlin
Tel. 030-3157120
Fax 030-31571229
leibinger@barkowleibinger.com
www.barkowleibinger.com

Prof. M. Arch.
Daniel Libeskind
Studio Daniel Libeskind
2 Rector Street
New York NY 10006
Tel. 001-(0)212 4979100
Fax 001-(0)646 4526198
info@daniel-libeskind.com

[30]

[31]

[32]

[33]

[34]

[35]

[36]

[37]

Dipl.-Ing.
Michael Lindenmeyer
Maxie-Wander-Straße 9
14532 Kleinmachnow
Tel. 033203-86030
Fax 033203-86029
lindenmeyer@online.de

Dipl.-Ing.
Johannes Löbbert
Glass Kramer Löbbert
Architekten BDA
Schlesische Straße 27
10997 Berlin
Tel. 030-61740736
Fax 030-61740737
loebbert@glasskramerloebbert.de
www.glasskramerloebbert.de

Helmut von Lülsdorff
1209 South Indian River Drive
34950 Fort Pierce/Florida USA

Dipl.-Ing.
Hildebrand Machleidt
Hufelandstraße 22
10407 Berlin
Tel. 030-4212161
Fax 030-4212164
mail@machleidt.de
www.machleidt.de

Seite: 104
Dipl.-Ing.
[38] **Mario Maedebach**
Maedebach & Redeleit Architekten
Düsseldorfer Straße 38
10707 Berlin
Tel. 030-88190600
Fax 030-881906018
mail@maedebach-redeleit.de
www.maedebach-redeleit.de

Dr.-Ing.
Helmut Maier
Stresemannstraße 27
10963 Berlin
Tel. 030-2521689
Fax 030-25106343

Dipl.-Ing.
Jürgen Mayer
Freier Architekt BDA
Bleibtreustraße 54
10623 Berlin
Tel. 030-31506117
Fax 030-31506118
contact@jmayerh.de
www.jmayerh.de

Dipl.-Ing.
Klaus Meier-Hartmann
Helmholtzstraße 2–3
10587 Berlin
Tel. 030-3069620
Fax 030-30696229
info@kmh-architekten.de

Dipl.-Ing.
Natascha Maria Meuser
Meuser Architekten BDA
Caroline-von-Humboldt-Weg 20
10117 Berlin
Tel. 030-20696920
Fax 030-20696932
info@meuser-architekten.de
www.meuser-architekten.de

Dipl.-Ing.
Philipp Meuser
Meuser Architekten BDA
Caroline-von-Humboldt-Weg 20
10117 Berlin
Tel. 030-20696930
Fax 030-20696932
info@meuser-architekten.de
www.meuser-architekten.de

Dipl.-Ing.
Johannes Modersohn
Modersohn & Freiesleben
Architekten
Bayernallee 47
14052 Berlin
Tel. 030-21750160
Fax 030-21750161
office@mofrei.de
www.mofrei.de

Seite: 110
Dipl.-Ing. HBK
[39] **Georg P. Mügge**
Dernburgstraße 55
14057 Berlin
Tel. 030-3226362
Fax 030-74750489
www.architekturbuero-muegge.de

Dipl.-Ing.
Thomas Müller
Thomas Müller Ivan Reimann
Gesellschaft von Architekten mbH
Kurfürstendamm 179–180
10707 Berlin
Tel. 030-3480610
Fax 030-3415024
architekten@mueller-reimann.de
www.mueller-reimann.de

Seite: 112
Prof.
Walter Nägeli
nägeliarchitekten
Lychener Straße 43
10437 Berlin
Tel. 030-61609712
Fax 030-61609714
buero@naegeliarchitekten.de
www.naegeliarchitekten.de

Prof. Dipl.-Ing
Bernd Niebuhr
Regensburger Straße 15
10777 Berlin
Tel. 030-21969155
Fax 030-21969156
bernd.niebuhr.architekt@t-online.de

Seite: 144
Dipl.-Ing.
Claus Nieländer
[40] **Zerr . Hapke . Nieländer**
Architekten
Goethestraße 72
10625 Berlin
Tel. 030-31806684
Fax 030-31806686
claus@zhn-architekten.de
www.zhn-architekten.de

Dipl.-Arch.
Robert Niess
Köpenicker Straße 48–49
Aufgang F
10179 Berlin
Tel. 030-2787270
Fax 030-27872788
mail@chestnutt-niess.de

Dipl.-Ing.
Jürgen Nottmeyer
Projektentwicklungsbüro PEB
Mitglied BDA
Am Zirkus 4
10117 Berlin
Tel. 030-80257815
Fax 030-80255299
peb-nottmeyer@t-online.de

Prof. Dipl.-Ing
Axel Oestreich
Hentschel & Oestreich
Architekten
Rheinstraße 45
12161 Berlin
Tel. 030-8599563
Fax 030-85995656
info@hentschel-oestreich.de
www.Hentschel-Oestreich.de

Heinz Ostmann
Elvirasteig 13
14163 Berlin
Tel. 030-80907866
Fax 030-80907889

Dipl.-Ing.
Karl Pächter
Pächter Schattauer
Architekten Stadtplaner
Emser Straße 40
10719 Berlin
Tel. 030-8818046
Fax 030-8818044
paechter@paechter-schattauer.de

Dipl.-Ing.
Ulrike Passe
Passe.Kaelber Architekten
Warschauer Straße 11
10243 Berlin
Tel. 030-29005410
Fax 030-29005411
pk.architektinnen@snafu.de
passe-kaelber-architekten.com

Dr.-Ing.
Peter Pawlik
Spanische Allee 80
14129 Berlin
Tel. 030-8032003
Fax 030-8032120
mail@planungsring.com
www.planungsring.com

Dipl.-Ing.
Manfred Pechtold
Pariser Straße 44
10707 Berlin
Tel. 030-8845950
Fax 030-8819052
mail@architekt.pechtold.de

Seite: 78
Dipl.-Ing.
[41] **Christian Pelzeter**
Heinle Wischer und Partner
Freie Architekten GbR
Alt Moabit 63
10555 Berlin
Tel. 030-3999200
Fax 030-3935000
berlin@heinlewischerpartner.de
www.heinlewischerpartner.de

[38]

[39]

[40]

[41]

[42]

[43]

[44]

Seite: 48
Dipl.-Arch.
[42] **Petra Petersson**
Realarchitektur
Schinkestraße 8–9
12047 Berlin
Tel. 030-61209700
Fax 030-61207042
www.realarchitektur.de

Dipl.-Ing.
Gerd Pieper
Architekturbüro Pieper
Gaudystraße 19
10437 Berlin
Tel. 030-49905794
Fax 030-49905795

Dipl.-Ing.
Mara Pinardi
Pariser Straße 63
10719 Berlin
Tel. 030-8835324
Fax 030-8854053
pinardi@pinardi-architekten.de

Prof. Dipl.-Ing
Stephan Pinkau
Landsberg + Pinkau Architekten
Rappoltsweiler Straße 18
14169 Berlin
Tel. 030-8593873
Fax 030-8593874
landsberg.pinkau@snafu.de
www.landsbergpinkau.de

Dipl.-Ing.
Günter Plessow
Breisgauer Straße 28 A
14129 Berlin
Tel. 030-8027165

Seite: 68
Dipl.-Ing.
[43] **Bernhard Popp**
Gruber + Popp Architekten
Spreebord 5
10589 Berlin
Tel. 030-68809665
Fax 030-68809666
architekten@gruberpopp.de
www.gruberpopp.de

Seite: 116
Dipl.-Ing.
[44] **Roland Poppensieker**
Schulenburgring 130
12101 Berlin
Tel. 030-293 507 89
Fax 030-667 632 89
mail@rolandpoppensieker.de
www.rolandpoppensieker.de

Waldemar Poreike
Gelfertstraße 50
14195 Berlin
Tel. 030-8313265
Fax 030-8315936

Dipl.-Ing.
Michael Pross
MPA Michael Pross Architekten
Deidesheimer Straße 9
14197 Berlin
Tel. 030-030-3186490
Fax 030-030-31864949
mpa@pross-architekten.de

Seite: 66
Dipl.-Ing.
[45] **Wolfram Putz**
GRAFT Gesellschaft
von Architekten mbH
Heidestraße 50
10557 Berlin
Tel. 030-240 479 85
Fax 030-240 479 87
www.graftlab.com

Seite: 118
Dipl.-Ing.
[46] **Susanne Quick**
Quick Bäckmann Quick + Partner
Kaiserstraße 24
14109 Berlin
Tel. 030-80585720
Fax 030-80585710
qbq@qbq-architekten.de
www.qbq-architekten.de

Dipl.-Ing.
Nils-J. Raddatz
Damaschkestraße 2
10711 Berlin
Tel. 030-8923838
Fax 030-8923838

Dipl.-Ing.
Lucius Rathke
Friedbergstraße 9
14057 Berlin
Tel. 030-32764232
Fax 030-32764230
rathke.architekten@web.de

Seite: 104
Dipl.-Ing.
[47] **Werner Redeleit**
Maedebach & Redeleit Architekten
Düsseldorfer Straße 38
10707 Berlin
Tel. 030-88190600
Fax 030-881906018
mail@maedebach-redeleit.de
www.maedebach-redeleit.de

Dipl.-Ing.
Andreas Reidemeister
Tegeler Weg 104
10589 Berlin
Tel. 030-39902560
Fax 030-3932814
reidemeister_berlin@t-online.de

Dipl.-Ing.
Ivan Reimann
Thomas Müller Ivan Reimann
Gesellschaft von Architekten mbH
Kurfürstendamm 179–180
10707 Berlin
Tel. 030-3480610
Fax 030-3415024

Seite: 32
Dipl.-Ing.
[48] **Bernd Reimers**
Autzen & Reimers
Hufelandstraße 22
10407 Berlin
Tel. 030-4211061
Fax 030-4211064
architekten@autzen-reimers.de
www.autzen-reimers.de

Dipl.-Ing.
Klaus Reimers
Reimers Architekten c/o Hilbert
Marienburger Allee 13
14055 Berlin
Tel. 030-6169790
Fax 030-61697990
klaus-reimers@reimers-
architekten.de
www.reimers-architekten.de

Dipl.-Ing.
Oskar Reith
Nußbaumallee 9
14050 Berlin
Tel. 030-3028055
Fax 030-3016355

Dipl.-Ing.
Tanja Riccius
Riccius & Winter
Weimarer Straße 6
10625 Berlin
Tel. 030-85730902
Fax 030-85730906
info@riccius-winter.de
www.riccius-winter.de

Dipl.-Ing.
Hans-Günther Rogalla
Süntelsteig 21
14163 Berlin
Tel. 030-8312720
Fax 030-8312775

Dipl.-Ing.
Hella Rolfes
Oranienburger Straße 66
10117 Berlin
Tel. 030-27909958
Fax 030-27909959
mail@rolfes-architekten.com

Seite: 122
Dipl.-Ing.
Walter Rolfes
Walter Rolfes Architekten
Pariser Straße 44
10707 Berlin
Tel. 030-8845070
Fax 030-88450712
info@walterrolfespartner.de

Dipl.-Ing.
Klaus Roth
Klaus Roth Architekten
Strelitzer Straße 61
10115 Berlin
Tel. 030-2833222
Fax 030-2833223
office@klaus-roth.de
www.klaus-roth.de

Dipl.-Ing.
Rainer Rothkegel
Charlottenstraße 123
14467 Potsdam
Tel. 0331-2015833
Fax 0331-2015839
info@rothkegel-architekten.de

Seite: 34
Dipl.-Ing.
Elmar L. Rottkamp
[6] **Becher Rottkamp Generalplanung**
Gesellschaft von Architekten mbH
Lietzenburger Straße 51
10789 Berlin
Tel. 030-6959240
Fax 030-69592422
mail@becher-rottkamp.de
www.becher-rottkamp.de

[45]

[46]

[47]

[48]

Dipl.-Ing.
Bodo Rusch
Cunostraße 50
14193 Berlin
Tel. 030-8263874
Fax 030-89505869

Dipl.-Ing.
Norbert Sachs
Tilman Bock Norbert Sachs Architekten
Knesebeckstraße 88/87
10623 Berlin
Tel. 030-23620001
Fax 030-23620019
n.sachs@bock-sachs-architekten.de
www.bock-sachs-architekten.de

Seite: 138
Dipl.-Ing.
Ana Salinas Mata
Wilk-Salinas Architekten GbR
[49] Schlesische Straße 12
10997 Berlin
Tel. 030-61628960
Fax 030-61628959
mail@wilk-salinas.com
www.wilk-salinas.com

Seite: 124
Dipl.-Ing.
Carola Schäfers
[50] **Carola Schäfers Architekten BDA**
Bundesallee 19
10717 Berlin
Tel. 030-88677866
Fax 030-88677868
info@csa-berlin.de
www.csa.de

Seite: 126
Dipl.-Ing.
Hermann Scheidt
[51] **Scheidt Kasprusch**
Gesellschaft von Architekten mbH
Schlesische Straße 29/30
Aufgang M
10997 Berlin
Tel. 030-88683277
Fax 030-88683278
info@SKA-Architekten.de
www.SKA-Architekten.de

Prof. Dipl.-Ing.
Kirsten Schemel
Kirsten Schemel Architekten BDA
Kurfürstendamm 11
10719 Berlin
Tel. 030-88724956/57
Fax 030-88724958
ks@k-s-architekten.de
www.k-s-architekten.de
Prof. Dipl.-Ing.
Manfred Schiedhelm
Magdeburger Platz 2
10785 Berlin
Tel. 030-2614491
Fax 030-2626476

Seite: 82
Dipl.-Ing.
Harald Schindele
[52] **Hoyer Schindele Hirschmüller**
Wolliner Straße 18/19
10435 Berlin
Tel. 030-44358855
Fax 030-44358857
office@hoyerundschindele.de
www.hoyerundschindele.de

Seite: 128
Dipl.-Ing.
Klaus Schlosser
[53] **Klaus Schlosser Architekten BDA**
Kurfürstendamm 196
10707 Berlin
Tel. 030-61657961
Fax 030-61657989
mail@klausschlosserarchitekten.com
www.klausschlosserarchitekten.com

Dipl.-Ing.
Bernhard Schmidt
BSP.architekten
Fritschestraße 23
10585 Berlin
Tel. 030-39849488
Fax 030-3935070
info@bsp-schmidt.de

Dipl.-Ing.
Kurt Schmidt
Otto-Suhr-Allee 72
10585 Berlin
Tel. 030-3425626
kurt.schmidt@versanet.de

Dipl.-Ing.
Christoph Schmidt-Ott
Arno-Holz-Straße 7
12165 Berlin
Tel. 030-7914730
c.schmidtott@yahoo.de

Seite: 130
Prof. Dr.-Ing.
[54] **Enno Schneider**
Enno Schneider Achitekten
Gipsstraße 6
10119 Berlin
Tel. 030-28098130
Fax 030-28098131
berlin@ennoschneider-architekten.de
www.ennoschneider-architekten.de

Dipl.-Ing.
Volkmar Schnöke
Dorfstraße 9
15837 Klasdorf
Tel. 033704-65432
Fax 033704-65433
info@schnoeke.de

Prof. Dipl.-Ing.
Hasso Schreck
Erlenweg 72, App. 406
14532 Kleinmachnow
Tel. 03320-356406
Fax 03320-382235

Dipl.-Ing.
Walter Schreiber
Fasanenstraße 71
10719 Berlin
Tel. 030-8871410
Fax 030-88714166

Dipl.-Ing.
Christiane Schuberth
KSV Krüger Schubert Vandreike
Brunnenstraße 196
10119 Berlin
Tel. 030-2830310
Fax 030-28303110
ksv@ksv-network.de
www.ksv-network.de

Dipl.-Ing.
Frank Schüler
Architekturbüro Böhning Kellerer Schüler Zalenga
Köpenicker Straße 48/49
10179 Berlin
Tel. 030-25291586
Fax 030-25291596
architekten@bksz.de
www.bksz.de

Dipl.-Ing.
Jakob Schulze-Rohr
Forststraße 14
14163 Berlin
Tel. 030-8016262
rosh-schulze-rohr@t-online.de

Seite: 28
Dipl.-Ing.
Hubertus Schwabe
[2] **Anderhalten Architekten**
Köpenicker Straße 48/49
10179 Berlin
Tel. 030-2789440
Fax 030-27894411
schwabe@anderhalten.de
www.anderhalten.de

Dipl.-Ing.
Detlef Sommer
Sommer + Sommer Architekten
Uhlandstraße 158
10719 Berlin
Tel. 030-88625500
Fax 030-88625510
hd@sommersommer.de
www.sommersommer.de

Seite: 108
Dipl.-Ing.
Andreas Sommerer
[19] **Architekturbüro Meyer Große Hebestreit Sommerer**
Greifswalder Straße 9
10405 Berlin
Tel. 030-42802667
Fax 030-42802672
architekten@mghs.de

Seite: 132
Dipl.-Ing.
[55] **Jörg Springer**
Springer Architekten
Erkelenzdamm 11–13
10999 Berlin
Tel. 030-61658350
Fax 030-61658480
mail@springerarchitekten.de
www.springerarchitekten.de

Dipl. Arch. ETH
Volker Staab
Staab Architekten BDA
Schlesische Straße 20
10997 Berlin
Tel. 030-6179140
Fax 030-61791411
info@staab-architekten.com

[49]

[50]

[51]

[52]

[53]

[54]

[55]

Prof. b. arch.
Marina Stankovic
Marina Stankovic Architekten BDA
Goethestraße 2–3, Aufg. B
10623 Berlin
Tel. 030-315053-17
Fax 030-31505319
mail@stankovicarchitekten.de
www.stankovicarchitekten.de

Seite: 84
Dipl.-Ing.
Joachim Staudt
[56] **huber staudt architekten**
Kurfürstendamm 11
10719 Berlin
Tel. 030-88001080
Fax 030-88001099
info@huberstaudtarchitekten.de
www.huberstaudtarchitekten.de

Prof.
Jürg Steiner
Schmargendorfer Straße 6
12159 Berlin
Tel. 030-8839988
Fax 030-8839918
juerg@steiner.ag
www.steiner.ag

Dipl.-Ing.
Jürgen Steland
Wundstraße12
14059 Berlin
Tel. 030-3929113
juergen.steland@t-online.de

Dipl.-Ing.
Stefan Arne Sterf
Fehrbelliner Straße 31
10119 Berlin
Tel. 030-280 985 80 82
Fax 030-282 74 11
sterfarchitekten@arcor.de

Dipl.-Ing.
Peter Störl
Lietzenburger Straße 4
10789 Berlin
Tel. 030-7935112
Fax 030-7934437

Seite: 134
Dipl.-Ing.
[57] **Thomas von Thaden**
Architekten BDA Berlin
Emser Straße 40
10719 Berlin
Tel. 030-61402660
Fax 030-61402661
mail@thomasvonthaden.de
www.thomasvonthaden.de

Dipl.-Ing.
Heinz Tibbe
Gruppe Planwerk
Pariser Straße 1
10719 Berlin
Tel. 030-88916390
Fax 030-88916391
tibbe@gruppeplanwerk.de
www.gruppeplanwerk.de

Seite: 52
Dipl.-Ing.
[58] **Bernd Tibes**
DGI Bauwerk GmbH
Schillstraße 9
10785 Berlin
Tel. 030-2649430
Fax 030-2627934
mail@dgi-bauwerk.de
www.dgi-bauwerk.de

Dipl.-Ing.
Bertram Vandreike
KSV Krüger Schubert Vandreike
Brunnenstraße 196
10119 Berlin
Tel. 030-2830310
Fax 030-28303110
ksv@ksv-network.de
www.ksv-network.de

Dipl.-Ing.
Andreas Veauthier
av-a Veauthier Meyer
Architekten
Friedrichstraße 127
10117 Berlin
Tel. 030-30878930
Fax 030-30878931
av-a@av-a.com
av-a.com

Dipl.-Ing.
Bruno Vennes
Busmann + Haberer
Gesellschaft v. Architekten mbH
Paul-Lincke-Ufer 34
10999 Berlin
Tel. 030-6179960
Fax 030-61799629
info-berlin@busmann-haberer.de
www.busmann-haberer.de

Seite: 24
Dipl.-Ing.
[59] **Walter Vielain**
AVP Architketen
Hasenheide 61/II
10967 Berlin
Tel. 030-6115313
Fax 030-6119041
avp@abelmann-vielain-pock.de
www.abelmann-vielain-pock.de

Dipl.-Ing.
Peter Voigt
Güntzelstraße 63
10717 Berlin
Tel. 030-8549376
Fax 030-85493763
voigt-architekt-bda@gmx.de

Dipl.-Ing.
Axel Volkmann
Oranienstraße 15
10999 Berlin
Tel. 030-2169556
Fax 030-2169428
axelvolkmann@alice-dsl.de

Seite: 76
Dipl.-Ing.
Verena von Beckerath
[23] **Heide & von Beckerath**
Architekten BDA
Kurfürstendamm 173
10707 Berlin
Tel. 030-8851879
Fax 030-8852095
mail@heidevonbeckerath.com
www.heidevonbeckerath.com

Seite: 28
Dipl.-Ing.
Petra Vondenhof
[2] **Anderhalten Architekten**
Köpenicker Straße 48/49
10179 Berlin
Tel. 030-2789440
Fax 030-27894411
architekten@anderhalten.com

Dipl.-Ing.
Thomas Weber
Kny und Weber Architekten
Köpenicker Straße 48/49
10179 Berlin
Tel. 030-2787300
Fax 030-27873022
info@kny-weber.de

Dipl.-Ing.
Henning von Wedemeyer
Knebel & von Wedemeyer Architekten
Glogauer Straße 6
10999 Berlin
Tel. 0179-7050378
Fax 030-62908297
wedemeyer@kvw-architekten.de
www.kvw-architekten.de

Seite: 54
Dipl.-Ing.
Philipp Wehage
DMSW Bürogemeinschaft
für Architektur und Landschaft
Mariannenstraße 7a
10997 Berlin
Tel. 030-61658061
Fax 030-61658062
mail@dmsw.net
www.dmsw.net

Dipl.-Ing.
Hans Wehrhahn
Helmholtzstraße 41
10587 Berlin
Tel. 030-3907150
Fax 030-39071533

Prof.
Gesine Weinmiller
Weinmiller Architekten BDA
Kurfürstendamm 178/179
10707 Berlin
Tel. 030-88714370
Fax 030-3415024
weinmiller@weinmiller.de
www.weinmiller.de

Seite: 136
Dipl.-Ing.
[60] **Birgitt Welter**
welter + welter Architekten
Köpenicker Straße 48/49
10179 Berlin
Tel. 030-30862567
Fax 030-30862570
post@welterwelter.com
www.welterwelter.com

Dr.-Ing.
Karlheinz Wendisch
Am Goldmannpark 12
12587 Berlin
Tel. 030-64488319
Fax 030-64488321
dr.wendisch@01019freenet.de

[56]

[57]

[58]

[59]

[60]

Dipl.-Ing.
Michael Wendt
Burggrafenstraße 3
10787 Berlin
Tel. 030-8209670
Fax 030-82096777
m.wendt@wendt-berlin.de

Dipl.-Ing.
Joachim Wermund
Attilastraße 136
12105 Berlin
Tel. 030-7533365
lotte-jochen@web.de

Dipl.-Ing.
Klaus Wiechers
Wiechers Beck Gesellschaft
von Architekten mbH
Manteuffelstraße 77
10999 Berlin
Tel. 030-616229925
Fax 030-616229922
k.wiechers@wiechers-beck.de
www.wiechers-beck.de

Seite: 86
Dipl.-Ing.
[61] **Kai Wiegand**
Kaup + Wiegand Architekten BDA
Mommsenstraße 57
10629 Berlin
Tel. 030-4462126
Fax 030-4462639
info@kaupwiegand.de
www.kaupwiegand.de

Seite: 138
Dipl.-Ing.
Gilbert Wilk
[49] **Wilk-Salinas Architekten GbR**
Schlesische Straße 12
10997 Berlin
Tel. 030-61628960
Fax 030-61628959
mail@wilk-salinas.com
www.wilk-salinas.com

Seite: 66
Dipl.-Ing.
[62] **Thomas Willemeit**
GRAFT Gesellschaft
von Architekten mbH
Heidestraße 50
10557 Berlin
Tel. 030-240 479 85
Fax 030-240 479 87
berlin@graftlab.com
www.graftlab.com

Seite: 78
Dipl.-Ing.
[63] **Ursula Wilms**
Heinle, Wischer und Partner
Freie Architekten
Alt-Moabit 63
10555 Berlin
Tel. 030-3999200
Fax 030-3935000
info@heinlewischerpartner.de
www.heinlewischerpartner.de

Dipl.-Ing.
Georg Wittwer
Senator a.D.
Trabener Straße 14 c
14193 Berlin
Tel. 030-8902870
Fax 030-89028710
G.Wittwer_arch-staedtebau@
gmx.net

Dipl.-Ing.
Imke Woelk
Imke Woelk und Partner
Flatowallee 16, Unit 844
14055 Berlin
Tel. 030-30818903
Fax 030-30818904
office@imke-woelk.com
www.imke-woelk.com

Dipl.-Ing.
Thomas Wolf
Samoastraße 7
13353 Berlin
Tel. 030-45482164
Fax 030-45482174
achitekurbuerowolf@aol.com

Ulrich Wülfing
Preußenallee 28
14052 Berlin
Tel. 030-3059900
Fax 030-3041112

Dipl.-Ing.
Yoshimi Yamaguchi-Essig
y.es Gesellschaft v. Architekten
mbH
Garystraße 86
14195 Berlin
Tel. 030-8816759
Fax 030-8824569
architekten@yamaguchi-essig.de

Dipl.-Ing.
Bettina Zalenga
Architekturbüro Böhning
Kellerer Schüler Zalenga
Köpenicker Straße 48/49
10179 Berlin
Tel. 030-25291586
Fax 030-25291596
architekten@bksz.de

Seite: 144
Dipl.-Ing.
Andreas Zerr
[40] **Zerr . Hapke . Nieländer**
Architekten
Goethestraße 72
10625 Berlin
Tel. 030-31806684
Fax 030-31806686
post@zhn-architekten.de
www.zhn-architekten.de

Dipl.-Ing.
Helmut Zeumer
Architekten AGP
Xantener Straße 17
10707 Berlin
Tel. 030-8826309
Fax 030-8822930
agp@architekten-agp.de

Prof. Dipl.-Ing.
Klaus Zillich
Engel & Zillich Architekten
Helmholtzstraße 2–9
Aufgang L
10587 Berlin
Tel. 030-8857500
Fax 030-88575055
engelundzillich@freenet.de

Dipl.-Ing.
Herbert Zimmermann
Rüsternallee 35a
14050 Berlin
Tel. 030-3053536
Fax 030-30812529
h.zimmermann@fpb.de

Dipl.-Ing.
Günter zur Nieden
Schillingstraße 30
10179 Berlin
Tel. 030-01777711700
zur-nieden@freenet.de
www.awerk.com

Außerordentliche Mitglieder

Dipl.-Ing.
Hans-Peter Achatzi
achatzi.com – strategieberatung
Tietzenweg 34
12203 Berlin
Tel. 030-8339551
Fax 030-84313182
office@achatzi.com
www.achatzi.com

Prof. Dipl.-Ing.
Inken Baller
Hasenheide 92
10967 Berlin
Tel. 030-6947025
Fax 030-6931779
inkenballer@online.de

Prof. Dr.
Harald Bodenschatz
Technische Universität Berlin
Fakultät VII, Sekr. FR 2-5
Franklinstraße 28/29
10587 Berlin
Tel. 030-7913568
Fax 030-7934825
harald.bodenschatz@t-online.de
www.schinkelzentrum.tu-berlin.
de/beteil/harabo.html

Dipl.-Ing.
Christian Drimborn
Windscheidstraße 17
10627 Berlin
Tel. 030-8915009
Fax 030-8914614
CDrimborn@aol.com

Dipl.-Ing.
Tim Edler
realities:united GmbH
Falckensteinstraße 47–48/H
10997 Berlin
Tel. 030-20646631
Fax 030-20646639
te@realU.de
www.realU.de

Prof. Dipl.-Ing.
Rainer W. Ernst
Mommsenstraße 6
10629 Berlin
Tel. 030-88032950
Fax 030-88032959
r.ernst@t-online.de

[61]

[62]

[63]

Dipl.-Ing.
Herbert Fink
Davoser Straße 2
14199 Berlin
Tel. 030-8856560
Fax 030-8821458
h.fink-gmbh@t-online.de

Prof. Dr.
Jörg Haspel
Landesdenkmalamt Berlin
Landeskonservator
Klosterstraße 47
10179 Berlin
Tel. 030-90273601
landesdenkmalamt@senstadt.
verwalt-berlin.de

Dr. Ing.
Jochen Kempmann
Kurfürstendamm 130
10711 Berlin
Tel. 030-8929951
Fax 030-8932406
tomkem@t-online.de

Dipl.-Ing.
Klaus-Peter Kloß
Straßmannstraße 39
10249 Berlin
Tel. 030-42015518
Fax 030-44050397
kloss.goralczyk@gmx.de

Prof.
Adolf Krischanitz
Arch. Krischanitz ZT GmbH
Getreidemarkt 1/11
A-1060 Wien
Tel. 004315861406
Fax 004315861406-22
a.krischantiz@krischanitz.at

Florian Mausbach
Präsident
Bundesamt für Bauwesen und
Raumordnung
Fasanenstraße 87
10623 Berlin
Tel. 01888-4018340

Seite: 106
Dipl.-Ing.
[64] **Christina C. Mehlhose**
Mulackstraße 25
10119 Berlin
Tel. 030-97005547
Fax 030-97005095
kontakt@ccmehlhose.net
www.ccmehlhose.net

Dipl.-Ing.
Ulrich Müller
Architektur Galerie Berlin
Werkraum
Karl-Marx-Allee 96
10243 Berlin
Tel. 030-78897431
Fax 030-78897432
info@werkraum-agb.de
www.werkraum-agb.de

Dipl.-Ing.
Peter Ostendorff
Senatsverwaltung für
Stadtentwicklung
Referat IID
Brückenstraße 6
10179 Berlin
Tel. 030-90252028
Fax 030-90252535
peter.ostendorff@senstadt.
berlin.de

Dipl.-Ing.
Regina Poly
Emser Straße 40
10719 Berlin
Tel. 030-8823572
Fax 030-8824192
info@regina-poly.de
www.regina-poly.de

Dr.
Tillmann Prinz
Bundesarchitektenkammer
Askanischer Platz 4
10963 Berlin
Tel. 030-26394410
Fax 030-26394413
prinz@bak.de
www.bak.de

Prof. Dr.-Ing.
Wolfgang Schäche
Mommsenstraße 6
10629 Berlin
Tel. 030-8838389
Fax 030-8826931

Dipl.-Ing.
Bernhard Schneider
Württembergische Straße 31
10707 Berlin
Tel. 030-88680809
Fax 030-8811427
schneider.b@berlin.de

Prof. Dr.
Werner Sewing
Winterfeldstraße 50
10781 Berlin
Tel. 030-2165137
wsewing@gmx.de

Dr.-Ing.
Hans Stimmann
Welserstraße 3
10777 Berlin
Tel. 030-23621999
info@stimmann.de

Kai Vöckler
Winterfeldtstraße 31
10781 Berlin
Tel. 030-030-7828400
Fax 030-030-7828400
kai@voeckler.de
www.kai.voeckler.de

Prof. Dipl.-Ing.
Werner Wentzel
Stresemannstraße 40
10963 Berlin
Tel. 030-25293531
Fax 030-25293532
info@wentzel-architekten.de

Seite: 140
Prof.
Bernhard Winking
Architekten BDA
Sophienstraße 22 a
10178 Berlin
Tel. 030-2830280
Fax 030-28302828
berlin@winking.de
www.winking.de

Dr.
Astrid Elisabeth Wokalek
Oldenburger Straße 35 A
10551 Berlin
Tel. 030-39036032
awokalek@web.de

Seite: 142
Dipl.-Ing.
[65] **Beatrix Wuttke**
Beatrix Wuttke Thomas Ringhof
Architekten
Glückstadtsvej 2,1, Frihavn
DK-2100 Kopenhagen
Tel. 0045 42364855
buero@wutkeringhof.com
www.wuttkeringhof.com

Ehrenmitglieder

Prof. Dr.-Ing. E.
Hardt-Waltherr Hämer
Dorfstraße 43 b
18347 Ahrenshoop
Tel. 038220-80471
haemerwellmer@gmx.de

Dipl.-Ing.
Georg Heinrichs
Clayallee 34
14195 Berlin
Tel. 030-8833728

Dipl.-Arch.
Hans Chr. E. Müller
Steinplatz 3
10623 Berlin
Tel. 030-3128050
Fax 030-8824642

Dipl.-Ing.
Helga Schmidt-Thomsen
Eichkatzweg 75
14055 Berlin
Tel. 030-32602230
Fax 030-3211144
stz.arch@t-online.de

[64]

[65]

Öffnen und Schließen war selten so einfach. Einbauen übrigens auch.
Türtechnik
Automatic
Glasbeschlagtechnik
Sicherungstechnik/Zeit- und Zutrittskontrolle (STA)
Raumtrennsysten

WILDE+SPIETH
minimalistisch...
Hertha-Maria Witzemann Egon Eiermann Daniel Libeskind Thore Garbers
WILDE+SPIETH
Designmöbel GmbH & Co. KG
Röntgenstraße 1/1, 73730 Esslingen
Telefon (07 11) 35 13 03-0
Telefax (07 11) 35 13 03-11
www.wilde-spieth.com

Bildnachweis

Architekturbüro Georg-P. Mügge: S. 111 l. I Autzen & Reimers Architekten: S. 33 I Badge, Peter: S. 165/35, 170/62 I Beatrix Wuttke Thomas Ringhof Architekten: S. 142, 143 I Bennewitz, Jens: S. 24, 25 r. o. I Bitter, Jan: S. 40, 41, 57 l. I bloomimages, Hamburg: S. 45 r. I Böhmer, Ursula: S. 28, 29 r. I Bredt, Marcus: S. 38, 39 I Bünck + Fehse: S. 37 r. I Büro Bernd Albers: S. 27 (Perspektiven) I CollignonArchitektur: S. 50 I Edmaier, Christine: S. 59 I Eike Becker_Architekten: S. 37 l. I Enno Schneider Architekten: S. 131 M., r. I ern+ heinzl Architekten: S. 61 r. I Fischer, Ingo: S. 100 I Fotodesign Gebler: S. 141 r. I Gehrke, Noshe Andreas: S. 49 l. I Gerhards&Glücker: S. 64, 65, 163/18 I Gollmer, Rainer: S. 58 l., 126, 152, 153 I Görner, Reinhard: S. 110 I Graubner, Claus: S. 101 l. I Grimmenstein, Bernadette: S. 78, 79 I Gruber + Popp Architekten BDA: S. 69 l. I Grüntuch Ernst Architekten BDA: S. 71 l. o., u. I HAAS I Architekten BDA: S. 73 l. I Hebbe, Udo: S. 165/36 I Helbing, Andrea: S. 74, 75 I Helmerdig, Silke: S. 116 I Hiepe, Bernd: S. 132, 133 I hiepler brunie architekten fotografie: S. 66 I Holzherr, Florian: S. 101 r. I Hoyer Schindele Hirschmüller Architektur: S. 82, 83 l. I Huthmacher, Werner: S. 29 l., 58 r., 71 r., 84, 85, 86, 87, 90, 91 l., 104, 105, 114, 115, 120, 121, 136 I Irrgang, Christian: S. 169/58 I Joosten, Hanns: S. 48, 49 M., r., 68, 69 r., 145 l., M. I Kenader, Eva: S. 54, 55 l. I Kleine, Holger: S. 91 r. I Koch, Christian: S. 94, 95 r. I Koehl, Peter: S. 60 I Koepke, Henning: S. 98, 99 l. I Kovács, Angela: S. 106, 107 I Kreidler, A.: S. 118 I Kulturarena Berlin: S. 138 I Kwiatosz, Tomek: S. 83 M. I Lehmann, Jörn: S. 32 I Lintner, Linus: S. 56, S. 57 M., r., 102, 103 I Locmelis, Maris: S. 83 r. I Lucks, Stefan Wolf: S. 137 I Maron, Johas: S. 55 M., r. I Meinel, Udo: S. 76 I Meisse, Maximilian: S. 81 M. I Meyer, C.: S. 97 I Muhs, Andreas: S. 53 I Müller, Stefan: S. 26, 34, 35, 61 l., 62, 63, 80, 81 l., r., 88, 89, 124, 125, 128, 129 I Nägeliarchitekten: S. 112, 113 I Ortmeyer, Klemens: S. 119 I Pictorama Berlin: S. 52 I Pietschmann, Svea: S. 70 I Poppensieker, Roland: S. 117 l. I QUABBE + TESSMANN: S. 108, 109 I Reuter, Oltmann: S. 111 r. I Richters, Christian: S. 30, 31, 92, 93 I Ridecos, Ricky: S. 67, 167/45 I Robakowski, Stefan: S. 99 r. I Roth, Lukas: S. 51 I Schlorke, Johannes-Maria: S. 117 r. I Schwarz, Ulrich: S. 42, 43, 99 M. I Stüber, Jochen: S. 130, 131 l. I Süß, Andreas: S. 127 r. u. I Taubhorn, Ingo: S. 167/44 I Thomas von Thaden Architekten BDA: S. 134, 135 I Vielain, Walter: S. 25 l., r. u. I Walter Rolfes Architekten BDA: S. 122, 123 I Weisse, A.: S. 96 I Wia, Oliver: S. 72 I Wilk-Salinas Architekten: S. 139 I Wille, Tobias: S. 140 I Willebrand, Jens: S. 36 I Winfried Brenne Architekten: S. 46, 47 I Wolff, Mike: S. 165/30 I YSOMEDIA: S. 73 r. I ZHN Architekten: S. 144, 145 r.